david harvey
kapitalismuskritik

*David Harvey* ist Dozent am Graduate Center der City University of New York und Autor zahlreicher Bücher. Bei VSA erschienen von ihm: »Der neue Imperialismus« (2005), »Räume der Neoliberalisierung« (2007), sowie sein Gespräch mit Giovanni Arrighi in »Die verschlungenen Pfade des Kapitals« (2009), »Marx' ›Kapital‹ lesen« (2011). Im Herbst 2012 erscheint »Das Rätsel des Kapitals entschlüsseln«.

david harvey

# kapitalismuskritik

die urbanen wurzeln der finanzkrise
den antikapitalistischen übergang organisieren

aus dem amerikanischen von christian frings

eine flugschrift

VSA: Verlag Hamburg

www.vsa-verlag.de

»Die urbanen Wurzeln der Finanzkrise« erschien unter dem Originaltitel »The urban roots of financial crises: reclaiming the city for anti-capitalist struggle« im »Socialist Register 2012«. Zuerst auf Deutsch veröffentlicht als Supplement der Zeitschrift Sozialismus 2/2012.
»Den antikapitalistischen Übergang organisieren« war ein Vortrag mit dem Originaltitel »Organizing for the Anti-Capitalist Transition« auf dem Weltsozialforum 2010 in Porto Alegre; die Zwischenüberschriften wurden vom Übersetzer eingefügt. Zuerst auf Deutsch veröffentlicht als Supplement der Zeitschrift Sozialismus 11/2010.

Die Titelgrafik stammt aus dem RSA Zeichentrickfilm »Crisis of Capitalism« auf der Website von David Harvey [http://davidharvey.org].
RSA (Royal Society for the encouragement of Arts, Manufactures and Commerce) versteht sich als eine der Aufklärung verpflichtete Organisation, die das Ziel verfolgt, innovative und praktische Lösungen für die heutigen sozialen Herausforderungen zu finden. Mit ihren Ideen, ihren Forschungen und ihren 27.000 Mitglieder will sie dazu beitragen, die Lücke zwischen der Realität und den Hoffnungen vieler Menschen auf eine bessere Welt zu schließen [www.thersa.org/about-us/who-we-are]


Druck- und Buchbindearbeiten: Beltz Druckpartner, Hemsbach
ISBN 978-3-89965-527-8

# Inhalt

# Die urbanen Wurzeln der Finanzkrise

## Die Stadt für den antikapitalistischen Kampf zurückgewinnen

Robert Shiller, den viele für den großen Wohnungsbauexperten halten, weil er an der Entwicklung des Case-Shiller-Index für die Hauspreise in den USA beteiligt war, versicherte in seinem Artikel »Immobilienblasen kann man mit der Lupe suchen« in der *New York Times* vom 5. Februar 2011, dass es sich bei der jüngsten Blase um ein höchst »seltenes Ereignis« handele, wie es sich »in den nächsten Jahrzehnten nicht wiederholen wird«. Die »enorme Immobilienblase« zu Beginn der 2000er Jahre »findet nicht ihresgleichen in irgendeinem historischen Immobilienzyklus auf nationaler oder internationaler Ebene. Frühere Blasen waren kleiner und regional begrenzter.« Vergleichbar sei sie allenfalls mit den Blasen der Grundstückspreise, zu denen es vor langer Zeit, Ende der 1830er und in den 1850er Jahren, in den USA gekommen war.[1] Wie ich zeigen werde, ist dies eine bemerkenswert irrtümliche Lesart der kapitalistischen Geschichte. Dass sie so widerspruchslos akzeptiert wurde, verweist auf einen gravierenden blinden Fleck im modernen ökonomischen Denken – und leider auch in der marxistischen politischen Ökonomie.

Von der Schulökonomie werden Investitionen in die Bebauung im Zuge der Verstädterung in der Regel als nebensächliche Aspekte der wichtigeren Vorgänge behandelt, die sich in einem fiktiven Gebilde namens »Volkswirtschaft« abspielen. Die Teildisziplin der »Stadtökonomik« ist daher ein Gebiet, in dem sich kleinere Geister tummeln, während die Großen des Fachs mit ihren makro-ökonomischen Fertigkeiten in anderen Bereichen hantieren. Sofern sie sich doch einmal mit den urbanen Prozessen beschäftigen, stellen sie räumliche Reorganisationen, regionale Entwicklungen und den Städtebau so dar, als handele es sich lediglich um bodenbezogene Resultate umfassenderer Prozesse, die ihrerseits von diesen Resultaten nicht beeinflusst werden. Im World Bank Development Report von 2009, der sich zum allerersten Mal ernsthaft mit Wirtschaftsgeografie beschäftigte,

[1] Robert Shiller, »Housing Bubbles are Few and Far Between«, New York Times, 5. Februar 2011.

kommt den Autoren daher nicht im entferntesten in den Sinn, die Möglichkeit von städtischen und regionalen Fehlentwicklungen in Betracht zu ziehen, die durch ihr katastrophales Ausmaß eine Krise in der Gesamtwirtschaft auslösen könnten. Der Zweck des Reports, der ausschließlich von Ökonomen verfasst wurde, ohne Geografen, Historiker oder Stadtsoziologen hinzuzuziehen, war es angeblich, den »Einfluss der Geografie auf die ökonomischen Chancen« zu untersuchen und den Fragen »des Raums und der Orte eine wichtige politische Bedeutung« zu geben, statt sie nur als Nebensächlichkeiten zu behandeln.

Eigentlich wollten die Autoren nur zeigen, dass sich das Wirtschaftswachstum (d.h. die Kapitalakkumulation) am besten durch die Anwendung der üblichen neoliberalen Patentlösungen auf die Stadtentwicklung steigern ließe (also durch das Heraushalten des Staates aus jeglicher Form einer ernsthaften Regulierung der Grundstücks- und Immobilienmärkte und durch die Minimierung von Eingriffen durch städtische, regionale oder räumliche Planung). Obwohl sie anstandshalber »bedauern«, aus Zeit- und Platzgründen nicht näher auf die sozialen und ökologischen Konsequenzen ihrer Vorschläge eingehen zu können, glauben sie umstandslos daran, dass diejenigen Städte, die »flexible Grundstücks- und Immobilienmärkte und andere förderliche Institutionen wie den Schutz von Eigentumsrechten, Vertragssicherheit und Wohnungsbaufinanzierung bereitstellen, sich langfristig im Zuge sich verändernder Marktbedürfnisse besser entwickeln dürften. Erfolgreich sind diejenigen Städte, deren unbürokratischere Baugesetze den höheren Einkommensschichten den Zugang zu hochwertigem Land ermöglichen und deren Flächennutzungspläne den veränderlichen Bedürfnissen angepasst werden.«[2]

Aber Boden ist keine Ware im üblichen Sinne. Er ist eine fiktive Form des Kapitals, die sich aus den Erwartungen auf zukünftige Miet- und Pachteinnahmen ableitet. Die Maximierung dieser

---

[2] World Development Report 2009: Reshaping Economic Geography, Washington DC: The World Bank, 2009. Siehe meine frühere Kritik in David Harvey, »Assessment: Reshaping Economic Geography: The World Development Report«, Development and Change, 40 (6), 1269-77, 2009.

Gewinne hat in den letzten Jahren Haushalte mit niedrigem oder sogar mit mittlerem Einkommen aus Manhattan und der Londoner Innenstadt vertrieben, was sich in katastrophaler Weise auf die soziale Ungleichheit zwischen den Klassen und das Wohlergehen unterprivilegierter Bevölkerungsschichten ausgewirkt hat. Eben diese Profitmaximierung übt einen extremen Druck auf die hochwertigen Flächen von Dharavi in Mumbai aus (ein so genannter Slum, den der Report zutreffend als produktives menschliches Ökosystem bezeichnet). Kurz gesagt empfiehlt der World Bank Report eben jenen Fundamentalismus der freien Märkte, der zu makroökonomischen Erschütterungen wie der Krise 2007-09 geführt hat und städtische soziale Bewegungen auslöste, die sich gegen Gentrifizierung, die Zerstörung von Wohnvierteln und die Vertreibung der ärmeren Leute zum Zweck der profitableren Vermarktung des Bodens richten.

Seit Mitte der 1980er Jahre kam die neoliberale Stadtpolitik (wie sie z.B. in der ganzen Europäischen Union praktiziert wurde) zu dem Schluss, dass es vergeblich sei, eine Einkommensumverteilung zugunsten benachteiligter Stadtteile zu betreiben. Vielmehr sollten die Ressourcen zu den dynamischen »unternehmerischen« Wachstumspolen geleitet werden. Eine räumliche Variante des »trickle-down«-Effekts würde dann auf die so gern bemühte lange Sicht (die sich nie erfüllt) schon dafür sorgen, diese lästigen regionalen, räumlichen und städtischen Ungleichheiten zu verringern. Überlasst die Stadt den Bauunternehmern und Finanzspekulanten, und es wird dem Wohl aller zugute kommen! Wenn die Chinesen nur die Bodennutzung dem freien Spiel der Marktkräfte überlassen hätten, so der World Bank Report, wäre ihre Wirtschaft noch schneller gewachsen, als sie es ohnehin schon tat!

Der Weltbank geht es einfach um das Wohl des spekulativen Kapitals und nicht um das der Menschen. An keiner Stelle wird die Möglichkeit erörtert, dass eine Stadt im Sinne der Kapitalakkumulation florieren kann, während die Menschen (abgesehen von einer privilegierten Klasse) und die Umwelt darunter leiden. Der Report ist sogar direkt an der Politik beteiligt, die zur Krise 2007-09 führte. Das ist besonders deswegen befremdlich, weil er sechs Monate nach dem Bankrott von Lehman veröffentlicht wurde, als der Immobilienmarkt in den USA schon seit fast zwei Jahren eingebrochen und der Tsunami von Zwangsversteigerungen nicht zu übersehen war. So wird uns ohne die leiseste kritische Anmerkung erzählt: »... seit der Deregulierung der Finanzsysteme in der zweiten Hälfte der 1980er Jahre hat sich die marktorientierte Wohnungsbaufinanzierung rasch ausgeweitet. In den entwickelten Ländern beträgt das Volumen der Hypothekenmärkte heute über 40% des Bruttoinlandsprodukts (BIP), während es in den Entwicklungsländern mit weniger als 10% des BIP deutlich geringer ist. Die Rolle des Staats sollte darin bestehen, das private Engagement zu stimulieren und gut zu regulieren ... Ein wichtiger erster Schritt kann darin bestehen, die gesetzlichen Grundlagen für einfache, vollstreckbare und ordentliche Hypothekenverträge zu schaffen. Sobald das System eines Landes weiterentwickelt und ausgereift ist, kann der öffentliche Sektor einen sekundären Hypothekenmarkt fördern, Finanzinnovationen entwickeln und die Verbriefung von Hypotheken ausweiten. Eigener Hausbesitz, der in der Regel die mit Abstand größte Kapitalanlage eines Haushalts bildet, spielt eine wichtige Rolle für die Schaffung von Wohlstand, die soziale Sicherheit und die politische Ordnung. Menschen, die ein eigenes Haus oder einen gesicherten Pachtvertrag haben, beteiligen sich stärker an ihrem Stadtteil und sind daher eher geneigt, sich für die Verringerung der Kriminalität, eine stärkere staatliche Kontrolle und bessere Umweltbedingungen einzusetzen.«[3]

Angesichts der jüngsten Ereignisse sind diese Aussagen erstaunlich: Weiter so mit dem Subprime-Hypothekengeschäft, angefeuert von den naiven Mythen über die Vorteile des allgemeinen Hausbesitzes und durch die Entsorgung toxischer Hypotheken in hoch bewertete Schuldverschreibungen (CDOs), die an ahnungslose Investoren verkauft werden! Weiter so mit der endlosen Suburbanisierung, deren Verbrauch an Boden und Energie weit über jeden vernünftigen nachhaltigen Gebrauch unseres Planeten für menschliche Behausungen hinausgeht! Die Autoren

[3] World Bank Development Report, S. 206.

könnten sich plausibler Weise darauf berufen, dass es nicht ihr Auftrag war, ihre Überlegungen zur Urbanisierung mit der Frage der globalen Erderwärmung zu verbinden. So wie Alan Greenspan hätten sie sich auch darauf berufen können, dass sie von den Ereignissen 2007-09 überrascht wurden und von ihnen nicht erwartet werden konnte, irgendetwas Beunruhigendes in dem von ihnen in rosigen Farben gezeichneten Szenario vorherzusehen. Durch den Gebrauch der Wörtchen »ordentlich« und »gut reguliert« haben sie sich vor möglicher Kritik abgesichert.

Aber wieso entgeht ihnen trotz der von ihnen angeführten unzähligen und »sorgfältig ausgewählten« historischen Beispiele, mit denen sie ihre neoliberalen Patentlösungen bekräftigen wollen, dass die Krise von 1973 ihren Ursprung in einem globalen Zusammenbruch der Immobilienmärkte hatte, der mehrere Banken mit sich riss? Ist ihnen entgangen, dass das Ende des japanischen Booms in den 1990er Jahren mit einem (immer noch andauernden) Einbruch der Bodenpreise verbunden war; dass das schwedische Bankensystem 1992 aufgrund von Exzessen am Immobilienmarkt verstaatlicht werden musste; dass der Kollaps in Ost- und Südostasien in den Jahren 1997 und 1998 unter anderem auch durch extreme Formen der Stadtentwicklung in Thailand ausgelöst wurde; dass während der großen durch Baufinanzierungen verursachten Sparkassenkrise in den USA von 1987 bis 1990, der Savings-and-Loan-Krise, mehrere hundert Finanzhäuser Schiffbruch erlitten, wodurch den Steuerzahlern in den USA etwa 200 Mrd. US-Dollar an Kosten aufgebürdet wurden (was William Isaac, den damaligen Vorsitzenden der Federal Deposit Insurance Corporation dermaßen beschäftigte, dass er der American Bankers Association 1987 mit der Verstaatlichung des Bankwesens drohte, falls sie sich nicht bessern würden).[4]

---

[4] Graham Turner, The Credit Crunch: Housing Bubbles, Globalization and the Worldwide Economic Crisis, London: Pluto, 2008; David Harvey, The Condition of Postmodernity, Oxford: Basil Blackwell, 1989, S. 145f., 169.

Wo steckten bloß die Ökonomen der Weltbank, als das alles geschah? Seit 1973 ist es zu hunderten von Finanzkrisen gekommen (während es davor nur sehr wenige waren) und eine ganze Reihe von ihnen wurde durch die Immobilienmärkte oder die Stadtentwicklung verursacht. Und fast allen, die sich damit beschäftigten, war ziemlich klar, dass der Häusermarkt in den USA etwa ab dem Jahr 2000 in eine ziemliche Schieflage geriet. Wie sich nun herausstellt, sah auch Robert Shiller die Krise kommen, betrachtete sie aber als außergewöhnlich und nicht als systemisch.[5] Shiller könnte sich natürlich ganz zu Recht darauf berufen, dass es sich bei allen oben erwähnten Beispielen um lediglich regionale Ereignisse handelte. Aber vom Standpunkt der Menschen in Brasilien oder China aus betrachtet gilt das auch für die Krise 2007-09. Ihr geografisches Epizentrum lag im Südwesten der USA und in Florida (mit einigen Ausläufern nach Georgia) sowie einigen weiteren Hotspots – die schon seit 2005 grollende Krise von Zwangsversteigerungen in den Armenvierteln älterer Städte wie Baltimore und Cleveland war zu lokal und »unbedeutend«, da es sich bei den Betroffenen um Afroamerikaner_innen und Minderheiten handelte. Im internationalen Rahmen wurden Spanien und Irland hart getroffen und in geringerem Maße auch England. Aber auf den Immobilienmärkten in Frankreich, Deutschland, den Niederlanden, Polen und damals auch in ganz Asien kam es zu keinen ernsthaften Problemen.

Zweifellos weitete sich die regionale Krise in den USA in einem Maße zu einer globalen aus, wie es etwa in den Fällen von Japan oder Schweden zu Beginn der 1990er Jahre nicht geschehen war. Aber die Sparkassenkrise von 1987 (dem Jahr des tiefen Börsencrashs, der bis heute als eine davon völlig getrennte Angelegenheit betrachtet wird) hatte globale Auswirkungen. Das gleiche gilt für den oft übersehenen globalen Crash des Immobilienmarkts Anfang 1973. Für die Schulweisheit zählt nur der Ölpreisschock im Herbst 1973. Aber der Immobiliencrash ging ihm um sechs oder

[5] David Harvey, Der neue Imperialismus, aus dem Amerikanischen von Britta Dutke, Hamburg: VSA, 2005, S. 113; Robert Shiller, Irrational Exuberance, Princeton: Princeton University Press, 2000.

mehr Monate voraus und die Rezession hatte im Herbst schon längst eingesetzt. Der vorhergehende Boom lässt sich daran ablesen, dass die Anteile an den Immobilien-Aktiengesellschaften (Real Estate Investment Trusts) in den USA von 2 Mrd. US-Dollar im Jahr 1969 auf 20 Mrd. im Jahr 1973 anstiegen und die Hypothekendarlehen der Geschäftsbanken von 66,7 Mrd. auf 113,6 Mrd. im selben Zeitraum. Der darauffolgende Einbruch des Immobilienmarkts im Frühjahr 1973 weitete sich aufgrund der zurückgehenden Staatseinnahmen zu einer Finanzkrise der Bundesstaaten aus, was nicht geschehen wäre, wenn allein der Ölpreis die Rezession ausgelöst hätte. Die darauf im Jahr 1975 einsetzende Haushaltskrise der Stadt New York war von enormer Bedeutung, weil die Stadt damals einen der größten öffentlichen Haushalte in der Welt kontrollierte (weshalb der französische Präsident und der westdeutsche Bundeskanzler zu Finanzhilfen für New York aufriefen, um eine globale Implosion der Finanzmärkte zu verhindern). New York wurde daraufhin zum Zentrum der Einführung einer neoliberalen Politik, die den Banken ihr Fehlverhalten nachsah und die Menschen für die Kosten der Krise zahlen ließ, indem kommunale Aufträge und Dienstleistungen umstrukturiert wurden. Der allerjüngste Einbruch des Immobilienmarkts hat ebenfalls Bundesstaaten wie Kalifornien in den faktischen Bankrott getrieben und fast überall in den USA die bundesstaatlichen und kommunalen Staatsfinanzen sowie die Staatsbeschäftigten unter enormen Druck gebracht. Auf beängstigende Weise erinnert die Geschichte der Haushaltskrise von New York in den 1970er Jahren an die des Bundesstaates Kalifornien, der heute über den achtgrößten öffentlichen Haushalt der Welt verfügt.[6]

[6] John English/Emerson Gray, The Coming Real Estate Crash, New Rochelle, NY: Arlington House Publishers, 1979; William Tabb, The Long Default: New York City and the Urban Fiscal Crisis, New York: Monthly Review Press, 1982; David Harvey, Kleine Geschichte des Neoliberalismus, aus dem Englischen von Niels Kadritzke, Zürich: Rotpunktverlag, 2007; Ashok Bardhan/Richard Walker, »California, Pivot of the Great Recession«, Working Paper Series, Institute for Research on Labor and Employment, University of California, Berkeley, 2010.

Das National Bureau of Economic Research (NBER) hat kürzlich noch ein weiteres Beispiel dafür ausgegraben, wie Baubooms zu schweren Krisen des Kapitalismus führen können. Aus einer Untersuchung der Immobilienmärkte in den 1920er Jahren kommen Goetzmann/Newman zu dem »Schluss, dass öffentlich gehandelte Immobilienwertpapiere die tatsächliche Bautätigkeit in den 1920er Jahren beeinflussten und der Zusammenbruch ihrer Bewertung, vermittelt durch den Zyklus der Kreditbesicherung, der Auslöser des darauffolgenden Börsencrashs von 1929 und 1930 gewesen sein könnte«. Damals wie heute war Florida bezüglich des Häusermarkts das Zentrum einer extrem spekulativen Entwicklung; von 1919 bis 1925 stieg der nominale Wert der Baugenehmigungen um 8.000% an. Im nationalen Rahmen wird die Wertsteigerung von Häusern im annähernd gleichen Zeitraum auf etwa 400% geschätzt. Aber das war nichts im Vergleich zu der fast ausschließlich auf New York und Chicago konzentrierten Errichtung von Geschäftshäusern, für die alle möglichen Formen von Finanzierungsmitteln und Besicherungsverfahren ausgeheckt wurden, die einen Boom entfachten, wie es ihn »erst Mitte der 2000er Jahre wieder gab«. Noch beeindruckender ist die Grafik, in der Goetzmann/Newmann die Errichtung von Hochhäusern (mit über 70 Meter Höhe) in der Stadt New York im Zeitverlauf darstellen. In ihr sind die Baubooms, die den Crashs von 1929, 1973, 1987 und 2000 vorausgingen, glasklar zu erkennen. Wie sie pointiert feststellen, stehen die Gebäude, von denen wir in New York City umgeben sind, für »mehr als eine Architekturbewegung; sie sind zum großen Teil die Manifestation eines damals weitverbreiteten finanziellen Phänomens«. Mit Verweis darauf, dass die Immobilienbesicherungen in den 1920er Jahren mindestens genauso »toxisch wie heute« waren, gelangen sie zu dem Schluss: »Die Skyline von New York erinnert uns in eindringlicher Weise daran, wie durch die Verbriefung das Kapital einer spekulierenden Öffentlichkeit mit realen Bauprojekten verknüpft werden konnte. Ein genaueres Verständnis des früheren Markts der Immobilienbesicherungen kann viel dazu beitragen, Modelle für zukünftige Worst-Case-Szenarien zu entwickeln. Optimismus auf den Finanzmärkten hat die Macht, Wolkenkratzer in den Himmel schießen zu lassen, aber er kann nicht dafür sorgen, dass sich die Gebäude auch rentieren.«[7]

Die Auf- und Abschwünge am Immobilienmarkt sind offensichtlich unauflöslich mit spekulativen Finanzströmen verbunden und dieses Auf und Ab wirkt sich in gravierender Weise auf die Gesamtökonomie aus und führt durch die Externalisierung von Kosten in vielfältiger Weise zum Raubbau an Ressourcen und zur Zerstörung der Umwelt. Je größer der Anteil der Immobilienmärkte am BIP ist, desto eher besteht daher die Möglichkeit, dass der Zusammenhang zwischen Bauinvestitionen und ihrer Finanzierung zum Auslöser gesamtwirtschaftlicher Krisen werden kann. Im Fall von Entwicklungsländern wie Thailand, in denen laut Weltbank-Report die Hypothekendarlehen nur 10% des BIP entsprechen, könnte ein Crash am Immobilienmarkt zwar einen gesamtwirtschaftlichen Zusammenbruch in Art der Asienkrise von 1997/98 verstärken, ihn aber nicht alleine auslösen. Da in den USA die Hypothekenschulden 40% des BIP entsprechen, besteht hier diese Möglichkeit sehr wohl – und genau das passierte in der Krise 2007-09.

## Die marxistische Perspektive

Angesichts einer bürgerlichen Theorie, die kaum Erkenntnisse zum Zusammenhang zwischen städtischen Entwicklungen und gesamtwirtschaftlichen Störungen vorweisen kann, sofern sie diese Frage nicht komplett ignoriert, sollte man meinen, dass hier marxistische Kritiker mit ihren viel gerühmten historisch-materialistischen Methoden zum Zuge kommen und aufs schärfste explodierende Mieten und ungezügelte Formen der Enteignung denunzieren, also das, was Marx und Engels als sekundäre Formen der Ausbeutung bezeichneten, mit denen Handelskapitalisten und Hausbesitzer die Arbeiterklassen an ihren Wohnorten heimsuchen. Sie hätten der Aneignung des Raums in den Städten durch

[7] William Goetzmann/Frank Newman, »Securitization in the 1920's«, Working Papers, National Bureau of Economic Research, 2010; Eugene White, »Lessons from the Great American Real Estate Boom and Bust of the 1920s«, Working Papers, National Bureau of Economic Research, 2010.

Gentrifizierung, den teuren Eigentumswohnungen und der Umwandlung der Stadt in Themenparks (»Disneyfizierung«) die barbarische Obdachlosigkeit gegenübergestellt, den Mangel an bezahlbarem Wohnraum und die städtischen Umweltbedingungen, die für die Masse der Bevölkerung menschenunwürdig sind (sowohl in physischer Hinsicht wie durch die Luftverschmutzung, als auch in sozialer Hinsicht durch ein verfallendes Schulwesen und die so genannte wohlwollende Gleichgültigkeit gegenüber der Erziehung usw.). Einige wenige marxistische Stadtforscher (zu denen ich mich zähle) haben darüber geschrieben. Aber faktisch ist die Theoriebildung im Rahmen des Marxismus derjenigen innerhalb der bürgerlichen Ökonomie strukturell leider nur allzu ähnlich. Stadtforscher werden als Spezialisten betrachtet, während die wirklich wichtigen Fragen der makroökonomischen marxistischen Theorie woanders liegen. Auch hier steht die Fiktion einer nationalen Ökonomie im Vordergrund, weil sich zu ihr am einfachsten die Daten finden lassen – und gerechtigkeitshalber muss gesagt werden, weil sich auf sie einige der wichtigsten politischen Entscheidungen beziehen. Die Bedeutung des Immobilienmarkts für die Herausbildung der Krise 2007-09 und der mit ihr verbundenen Arbeitslosigkeit und Politik der Sozialkürzungen (die zu einem großen Teil auf städtischer und kommunaler Ebene betrieben wird) bleibt im Dunkeln, weil es keine ernsthaften Versuche gab, die Analyse der Urbanisierung und Bebauung in die allgemeine Theorie von den Bewegungsgesetzen des Kapitals zu integrieren. Daher neigen viele marxistische Theoretiker, die so von der Krise schwärmen, dazu, den jüngsten Crash als offensichtliche Manifestation ihrer jeweils bevorzugten marxistischen Krisentheorie zu betrachten – sei es der Fall der Profitrate, die Unterkonsumtion oder was auch immer.

Marx selbst ist daran nicht ganz unschuldig, auch wenn es nicht seine Absicht war. In der Einleitung der *Grundrisse* schreibt er, Ziel des *Kapitals* sei es, die allgemeinen Bewegungsgesetze des Kapitals zu enthüllen. Daher konzentriert er sich ausschließlich auf die Produktion und Realisierung des Mehrwerts und abstrahiert von allem, was er als »Besonderheiten« der Verteilung bezeichnet (Zins, Mieten, Steuern und sogar die tatsächlichen Lohnhöhen und Profitraten), die zufällig und konjunkturell bedingt sind und von Raum und Zeit abhängen. Ebenso abstrahiert er von den besonderen Austauschverhältnissen wie Angebot und Nachfrage und der Konkurrenzsituation. Marx zufolge können Angebot und Nachfrage nichts mehr erklären, wenn sie sich im Gleichgewicht befinden. Die Zwangsgesetze der Konkurrenz setzen die allgemeinen Bewegungsgesetze des Kapitals nur durch, bestimmen sie aber nicht. Damit stellt sich sofort die Frage, was passiert, wenn dieser Durchsetzungsmechanismus fehlt, wie es unter Bedingungen der Monopolisierung der Fall ist, oder wenn wir die räumliche Konkurrenz berücksichtigen, von der wir schon lange wissen, dass sie eine Form des monopolistischen Wettbewerbs darstellt (wie im Fall der Konkurrenz zwischen verschiedenen Städten).

Und schließlich betrachtet Marx auch die Konsumtion als eine »Einzelnheit« (ein ziemlich spinozistischer Begriff, um dessen Wiederbelegung sich Hardt/Negri kürzlich bemüht haben). Als solche ist sie chaotisch, unvorhersehbar und unkontrollierbar, und fällt damit für Marx im Allgemeinen aus dem Bereich der politischen Ökonomie (gleich auf der ersten Seite des *Kapitals* erklärt er, dass die Untersuchung der Gebrauchswerte Sache der Geschichte und nicht der politischen Ökonomie sei). Eine andere Ebene, die für Marx eine universelle Bedingung aller Formen menschlicher Gesellschaft darstellt, ist der Stoffwechsel mit der Natur. Sie ist daher mehr oder weniger unbedeutend für das Begreifen der allgemeinen Bewegungsgesetze des Kapitals im Sinne eines spezifischen gesellschaftlichen und historischen Konstrukts. Aus diesem Grund führen ökologische Fragen im gesamten *Kapital* ein Schattendasein (was nicht bedeutet, dass Marx sie für unwichtig oder unbedeutsam hielt, so wie er auch die Frage der Konsumtion im Rahmen des großen Ganzen nicht als belanglos ausblendete).[8] Im *Kapital* hält sich Marx fast durchgehend an den in den *Grundrissen* skizzierten Rahmen. Er konzentriert sich auf die Allgemeinheit der Mehrwertproduktion

[8] Karl Marx, Grundrisse der Kritik der politischen Ökonomie (Rohentwurf 1857/58), MEW, Bd. 42, Berlin 1983, S. 24-34.

und klammert alles andere aus. Hin und wieder weist er auf die Problematik dieser Vorgehensweise hin. Es handele sich um ein »Doppeltsetzen«, wie er schreibt – Boden, Arbeit, Geld, Waren sind entscheidende Tatbestände der Produktion, während Zinsen, Mieten, Löhne und Profite als Besonderheiten der Distribution aus der Untersuchung herausfallen!

Die Stärke von Marx' Ansatz besteht darin, dass er eine sehr klare Auffassung von den allgemeinen Bewegungsgesetzen des Kapitals ermöglicht, die unter Abstraktion von den besonderen Bedingungen seiner Zeit (wie den Krisen von 1847/48 und 1857/58) formuliert werden. Daher können wir ihn heute immer noch so lesen, dass er für unsere heutige Zeit von Bedeutung ist. Aber dieser Ansatz hat seinen Preis. Erstens betont Marx, dass es für die Analyse der tatsächlich existierenden kapitalistischen Gesellschaft oder einer bestimmten Situation erforderlich ist, auf dialektische Weise die universellen, allgemeinen, besonderen und einzelnen Aspekte einer Gesellschaft zu integrieren und sie als eine funktionierende organische Totalität zu begreifen. Wir können daher nicht meinen, tatsächliche Ereignisse (wie die Krise 2007-09) ließen sich einfach im Rahmen der allgemeinen Bewegungsgesetze des Kapitals erklären (das ist einer meiner Einwände gegen jene, die versuchen, die Fakten der gegenwärtigen Krise in irgendeine Theorie der fallenden Profitrate hineinzustopfen). Umgekehrt können wir aber auch nicht nach einer Erklärung suchen, ohne die allgemeinen Bewegungsgesetze zu berücksichtigen (obwohl Marx selbst das zu tun scheint, wenn er im *Kapital* von der »unabhängigen und selbständigen« Geld- und Handelskrise von 1847/48 spricht, oder noch deutlicher in seinen historischen Studien *Der achtzehnte Brumaire* und *Die Klassenkämpfe in Frankreich*, in denen die allgemeinen Bewegungsgesetze des Kapitals überhaupt keine Erwähnung finden).[9]

Zweitens werden die Abstraktionen auf der von Marx gewählten Ebene der Allgemeinheit im weiteren Argumentationsgang

[9] David Harvey, »History versus Theory. A Commentary on Marx's Method in Capital«, in: Historical Materialism 20.2, Leiden/Boston, S. 2-38 (deutsch in: David Harvey u.a., Geschichte versus Theorie? Marx' Methode im »Kapital«, Hamburg 2012.

des *Kapitals* allmählich brüchig. Dafür gibt es viele Beispiele, aber das auffälligste und für unsere Fragestellung wichtigste betrifft den Umgang von Marx mit dem Kreditsystem. An mehreren Stellen im ersten Band und immer wieder im zweiten bezieht sich Marx auf das Kreditsystem, blendet es aber sofort wieder als ein Verteilungsproblem aus, mit dem er sich hier noch nicht auseinandersetzen kann. Die von ihm im zweiten Band untersuchten allgemeinen Bewegungsgesetze, insbesondere die der Zirkulation des fixen Kapitals und der Arbeitsperiode, Produktionsperiode, Zirkulationszeit und Umschlagszeit, führen alle dazu, dass das Kreditsystem nicht nur erwähnt, sondern als *notwendig* unterstellt wird. Das sagt er ganz explizit. Wenn er darüber schreibt, inwiefern das vorgeschossene Geldkapital stets größer sein muss als das in der Mehrwertproduktion angewandte, um mit unterschiedlichen Umschlagszeiten zurechtzukommen, merkt er an, dass Veränderungen der Umschlagzeiten einen Teil des bereits vorgeschossenen Geldes »freisetzen« können. »Das so durch den bloßen Mechanismus der Umschlagsbewegung freigesetzte Geldkapital (neben dem durch den sukzessiven Rückfluß des fixen Kapitals und dem in jedem Arbeitsprozeß für variables Kapital nötigen Geldkapital) muß eine bedeutende Rolle spielen, sobald sich das Kreditsystem entwickelt, *und muß zugleich eine der Grundlagen desselben bilden.*«[10] Aus dieser und ähnlichen Stellen wird klar, dass das Kreditsystem zu einer absoluten Notwendigkeit für die Kapitalzirkulation wird und dass es daher in irgendeiner Weise in die allgemeinen Bewegungsgesetze des Kapitals mit einbezogen werden muss. Das aber ist äußerst problematisch, weil sich bei der Analyse des Kreditsystems im dritten Band zeigt, dass der Zinsfuß von Angebot und Nachfrage und von der Konkurrenzsituation bestimmt wird, zwei Größen, die Marx zuvor auf der von ihm bestimmten Stufe der Allgemeinheit aus der Untersuchung völlig ausgeklammert hatte.

Ich erinnere hier daran, weil oft übersehen wird, welchen Regeln Marx seine Untersuchung im *Kapital* unterwirft. Wenn diese

[10] Karl Marx, Das Kapital. Kritik der politischen Ökonomie, Zweiter Band, (1885), hrsg. v. F. Engels, MEW, Bd. 24, Berlin 1963, S. 284.

Regeln notwendigerweise nicht nur abgewandelt, sondern durchbrochen werden müssen, wie es im Fall des Kredits und Zinses der Fall ist, dann eröffnen sich neue theoretische Perspektiven, die über die von Marx bereits vorgelegten Einsichten hinausweisen. Schon ganz zu Anfang seines Unterfangens hatte Marx gesehen, dass es dazu kommen könnte. In den *Grundrissen* sagt er von der Konsumtion, also derjenigen seiner Kategorien, die sich aufgrund der mit ihr verbundenen Einzelnheit am sperrigsten für die Analyse zeigt, dass sie wie das Studium der Gebrauchswerte »eigentlich außerhalb der Ökonomie« liege, jedoch die Möglichkeit bestehe, dass sie »wieder zurückwirkt auf den Ausgangspunkt und den ganzen Vorgang von neuem einleitet«.[11] Dies gilt insbesondere für die produktive Konsumtion, den Arbeitsprozess selbst. Tronti und diejenigen, die wie Negri in seine Fußstapfen traten, betrachten daher den Arbeitsprozess trotz seines singulären Charakters – chaotisch, schwer zu disziplinieren, unvorhersehbar und daher mit ständigen Gefahrenquellen für das Kapital verbunden – ganz zu Recht als ein inneres Moment der allgemeinen Bewegungsgesetze des Kapitals![12] Die legendären Schwierigkeiten, auf die das Kapital stößt, wenn es versucht, die »Lebensgeister« der Arbeiter in der Mehrwertproduktion anzuregen, verweisen auf die Existenz dieser Einzelnheit im Herzen des Produktionsprozesses (wir werden sehen, dass dies nirgends offensichtlicher ist als in der Bauwirtschaft). Wenn wir mit Hilfe des theoretischen Apparats von Marx die tatsächlichen Entwicklungen besser verstehen wollen, müssen wir in ähnlicher Weise mit bisherigen Vorstellungen brechen und das Kreditsystem sowie die Beziehung zwischen Zinsrate und Profitrate als innere Momente der allgemeinen Gesetze der Produktion, Zirkulation und Realisation des Kapitals begreifen.

---

[11] Marx, Grundrisse der Kritik der politischen Ökonomie (Rohentwurf 1857/58), a.a.O., S. 25.

[12] Mario Tronti, »Die Strategie der Verweigerung«, in: Mario Tronti, Arbeiter und Kapital, aus dem Italienischen von Karin Monte und Wolfgang Rieland, Frankfurt a.M.: Verlag Neue Kritik, 1974, S. 204-225; Antonio Negri, Marx Beyond Marx: Lessons on the Grundrisse, London: Autonomedia, 1989.

Die Integration des Kredits in die allgemeine Theorie muss jedoch auf sorgfältige Weise so erfolgen, dass die bereits gewonnenen Erkenntnisse, wenn auch in abgewandelter Form, erhalten bleiben. So können wir zum Beispiel das Kreditsystem nicht einfach als eine eigenständige Entität behandeln, als eine Art Blüte der Wall Street oder der Londoner City, die völlig frei über den bodenständigen Tätigkeiten der einfachen Leute schwebt. Eine Menge der auf Kredit beruhenden Aktivitäten mag in der Tat nur spekulativer Schaum und der widerliche Auswuchs der menschlichen Gier nach Gold und schierer Geldmacht sein. Aber ein großer Teil davon ist absolut notwendig und grundlegend für die Funktionsfähigkeit des Kapitals. Es ist nicht leicht, die Grenze zwischen dem zu ziehen, was notwendig ist und was (a) notwendigerweise fiktiv (wie im Fall der Staats- und Hypothekenschulden) oder (b) reiner Exzess ist.

Es wäre selbstredend ein lächerliches Unterfangen, die Dynamik der jüngsten Krise und ihrer Folgen untersuchen zu wollen, ohne sich auf das Kreditsystem (mit Hypotheken in einem Volumen von 40% des BIP der USA), den Konsum (70% der wirtschaftlichen Antriebskraft in den USA gegenüber 35% in China) und die Wettbewerbssituation (mit monopolartigen Machtverhältnissen auf den Finanz-, Immobilien-, Einzelhandels- und vielen anderen Märkten) zu beziehen. 1,4 Billionen US-Dollar an Hypotheken, von denen viele toxisch sind, belasten den sekundären Markt der beiden großen Hypothekenbanken Fannie Mae und Freddy Mac in den USA, was die US-Regierung zur Zurückstellung von 400 Mrd. US-Dollar für mögliche Rettungsaktionen zwingt (von denen etwa 142 Mrd. bereits ausgegeben wurden). Um das zu verstehen, müssen wir aufdröseln, was Marx mit der Kategorie des »fiktiven Kapitals« gemeint haben könnte und in welcher Verbindung sie zu den Immobilien- und Bodenmärkten steht. Wir müssen klären, wie durch die Verbriefung »das Kapital einer spekulierenden Öffentlichkeit mit realen Bauprojekten verknüpft« wird, um es in den Worten von Goetzmann/Newman zu sagen. War es denn nicht die Spekulation mit Boden, Hauspreisen und Mieteinnahmen, die auf grundlegende Weise zur Entstehung der jetzigen Krise beitrug?

Für Marx ist fiktives Kapital nicht das Hirngespinst einiger von Kokain benebelter Börsenmakler an der Wall Street. Es ist ein fetischhaftes Konstrukt, was im Sinne von Marx' Charakterisierung des Fetischismus im ersten Band des *Kapitals* bedeutet, dass es durchaus real ist, aber ein Oberflächenphänomen, das die Bedeutung der grundlegenden gesellschaftlichen Beziehungen verschleiert. Wenn eine Bank dem Staat Geld leiht und dafür einen Zins erhält, hat es den Anschein, als würde innerhalb des Staats irgendetwas Produktives geschehen und tatsächlich Wert produziert, obwohl das meiste (nicht alles, wie ich noch zeigen werde) der Staatstätigkeit, wie z.B. das Führen von Kriegen, überhaupt nichts mit Wertproduktion zu tun hat. Wenn die Bank einem Privatkunden Geld für einen Hauskauf leiht und dafür regelmäßige Zinszahlungen erhält, sieht es so aus, als würde im Haus irgendwie auf direkte Weise Wert produziert, obwohl das nicht der Fall ist. Wenn Banken gegen Zins Anleihen für den Bau von Krankenhäusern, Universitäten, Schulen und ähnlichem begeben, scheint in diesen Institutionen unmittelbar Wert geschaffen zu werden, was aber nicht geschieht. Wenn Banken den Kauf von Boden und Immobilien finanzieren, mit denen Renten und Mieten eingenommen werden sollen, dann wird die Verteilungskategorie der Rente zu einem Moment der Zirkulationsströme von fiktivem Kapital.[13] Wenn sich Banken untereinander Geld leihen oder die Zentralbank den Geschäftsbanken Geld borgt, das diese wiederum an Bodenspekulanten verleihen, die sich Rentenzahlungen verschaffen wollen, dann wird das fiktive Kapital mehr und mehr zu einer unendlichen Kette aufeinander aufbauender Fiktionen. All dies sind Beispiele für Ströme von fiktivem Kapital. Und diese Ströme verwandeln handfeste Grundstücke in Fantasieobjekte. Marx verweist darauf, dass die gezahlten Zinsen aus einer anderen Quelle stammen – der Besteuerung, Abzügen von der Mehrwertproduktion oder von den Einkünften (Löhne und Profite). Für Marx kann Wert und Mehrwert natürlich nur im Arbeitsprozess in der Produktion erzeugt werden. Die Vor-

---

[13] Karl Marx, Das Kapital. Kritik der politischen Ökonomie, Dritter Band (1894), hrsg. v. F. Engels, MEW, Bd. 25, Berlin 1975, Kapitel 24 und 25.

gänge in der Zirkulation des fiktiven Kapitals mögen für die Aufrechterhaltung des Kapitalismus gesellschaftlich notwendig sein. Sie mögen ein Teil der notwendigen Kosten der Produktion und Reproduktion sein. Sekundäre Formen des Mehrwerts können von kapitalistischen Firmen durch die Ausbeutung von Arbeiterinnen im Einzelhandel, bei Banken und Hedge-Fonds erzielt werden. Aber für Marx steht fest, dass diese Sektoren nicht selbstständig existieren können, sondern auf die Wert- und Mehrwertproduktion in der eigentlichen Produktion angewiesen sind. Was sollte der Einzelhandel verkaufen, wenn nicht zuvor Hemden und Schuhe produziert worden sind?

Hier muss jedoch ein Vorbehalt angemeldet werden, der von größter Bedeutung ist. Ein Teil der fiktiven Kapitalströme kann tatsächlich mit der Erzeugung von Wert verbunden sein. Wenn ich mein mit Hypotheken belastetes Haus als Sweatshop benutze, in dem illegalisierte Migranten beschäftigt werden, wird das Haus zu fixem Kapital in der Produktion. Wenn der Staat in den Straßenbau und andere Infrastruktur investiert, die dem Kapital als kollektive Produktionsmittel dienen, dann fallen diese Ausgaben unter die Kategorie der »produktiven Staatsausgaben«. Wenn an den Krankenhäusern oder Universitäten neue Medikamente, Produktionsmittel und ähnliches entwickelt werden, sind sie zu Produktionsstätten geworden. Diese Einwände hätten Marx keineswegs aus der Fassung gebracht. Ob etwas als fixes Kapital fungiert oder nicht, hängt für ihn von seinem Gebrauch und nicht von seinen materiellen Eigenschaften ab.[14] Wenn Textilklitschen auf dem Dachboden in Eigentumswohnungen verwandelt werden, verringert sich das fixe Kapital, während durch Mikrokredite aus Bauernhütten (deutlich billigeres) fixes Kapital in der Produktion wird!

Ein großer Teil des in der Produktion geschaffenen Werts und Mehrwerts wird abgesaugt und durch alle möglichen komplizierten Verfahren in die Kanäle des fiktiven Kapitals geleitet. Und wenn sich die Banken untereinander Geld leihen, können logischerweise alle möglichen Formen von gesellschaftlich un-

[14] David Harvey, The Limits to Capital, Oxford: Blackwell, 1982, Kapitel 8.

nötigen Nebenkosten und spekulativen Geldbewegungen entstehen, die sich die ständigen Veränderungen auf dem Gebiet der schwankenden Vermögenswerte zunutze machen. Diese Vermögenswerte beruhen auf dem fragwürdigen Prozess der »Kapitalisierung«. Den regelmäßigen Einnahmen, die aus einem Vermögenswert wie Boden, Immobilien, Aktien usw. stammen, wird ein Kapitalwert zugeordnet, zu dem er gehandelt werden kann. Seine Höhe hängt von den Zins- und Diskontierungssätzen auf dem Geldmarkt ab, die durch Angebot und Nachfrage bestimmt werden. Aber wie können solche Vermögen bewertet werden, wenn es keinen Markt für sie gibt? Genau das wurde 2008 zu einem riesigen Problem, das bis heute nicht gelöst ist. Die Frage, wie toxisch die von Fannie Mae gehaltenen Vermögenswerte tatsächlich sind, bereitet fast allen Kopfschmerzen (dies erinnert stark an die Kontroverse über den Kapitalwert, die Anfang der 1970er Jahre innerhalb der Schulökonomie aufflammte und so wie andere unangenehme Wahrheiten gleich wieder beerdigt wurde).[15]

Die Schwierigkeit beim Kreditsystem besteht darin, dass es unerlässlich für die Produktion, Zirkulation und Realisation der Kapitalströme ist, während es zugleich den Gipfelpunkt der verschiedensten Formen von spekulativen und anderen »ungesunden« Entwicklungen bildet. Aus diesem Grund wurde Issak Péreire, der zusammen mit seinem Bruder Emile zu den Dirigenten des spekulationsgetriebenen Umbaus von Paris unter Haussmann gehörte, von Marx als »angenehmer Mischcharakter von Schwindler und Prophet« bezeichnet.[16]

## Kapitalakkumulation durch Urbanisierung

An anderer Stelle habe ich ausführlich dargestellt, dass die Urbanisierung in der gesamten Geschichte des Kapitalismus ein entscheidendes Instrument war, um überschüssige Kapitalsummen

---

[15] Karl Marx, Das Kapital. Kritik der politischen Ökonomie, Dritter Band , a.a.O, S. 484; Geoffrey Harcourt, Some Cambridge Controversies in the Theory of Capital, Cambridge: Cambridge University Press, 1972.

[16] Karl Marx, Das Kapital. Kritik der politischen Ökonomie, Dritter Band , a.a.O, S. 457. Sowohl Isaak als auch Emile gehörten übrigens vor 1848 der utopistischen Bewegung von Saint-Simon an.

und Arbeitskräfte zu absorbieren.[17] Sie steht in einer ganz besonderen Beziehung zur Absorption von überakkumuliertem Kapital, die mit den langen Arbeitsperioden bis zur Fertigstellung, den Umschlagzeiten und der Lebensdauer solcher Investitionen in die Bebauung zu tun hat. Außerdem hat sie eine geografische Besonderheit, insofern die Produktion von Raum und von räumlichen Monopolen ein wesentliches Moment der Akkumulationsdynamik wird – nicht allein aufgrund der sich räumlich ändernden Warenströme, sondern auch durch den Charakter der geschaffenen und produzierten Räume und Orte, durch die diese Ströme fließen. Aber gerade weil diese Aktivitäten, die übrigens selbst ein enorm wichtiger Bereich der Wert- und Mehrwertproduktion sind, derart langfristig angelegt sind, erfordern sie eine gewisse Kombination von Finanzkapital und staatlicher Beteiligung, um überhaupt in die Gänge zu kommen. Solche Aktivitäten sind auf lange Sicht eindeutig spekulativ und immer mit dem Risiko verbunden, zu einem viel späteren Zeitpunkt und in kolossalerem Umfang eben die Überakkumulation erneut hervorzurufen, zu deren Beseitigung sie anfänglich beigetragen hatten. Daher der krisenanfällige Charakter von Investitionen in die Stadtentwicklung und andere materielle Infrastrukturprojekte (wie transkontinentale Eisenbahnstrecken und Autobahnen, Dämme und ähnliches).

Für das 19. Jahrhundert ist der zyklische Charakter solcher Investitionen in dem äußerst sorgfältigen Werk von Brinley Thomas genauestens dokumentiert.[18] Aber in den Jahren nach 1945 geriet die Theorie des Krisenzyklus in der Bauwirtschaft in Vergessenheit. Ein Grund dafür war die Vorstellung, der Zyklus (von etwa 18 Jahren in den USA) könne durch keynesianische Eingriffe des Staats wirksam ausgeglichen werden, was faktisch auch ge-

[17] David Harvey, The Urbanisation of Capital, Oxford: Blackwell, 1985 und The Enigma of Capital, and the Crises of Capitalism, London: Profile Books, 2010 (deutsche Ausgabe: Das Rätsel des Kapitals entschlüsseln, Hamburg: VSA, im Erscheinen).

[18] Brinley Thomas: Migration and Economic Growth: A Study of Great Britain and the Atlantic Economy, Cambridge: Cambridge University Press, 1973.

schah.[19] Aber angesichts der allmählichen Aufgabe von antizyklischen keynesianischen Interventionen ab Mitte der 1970er Jahre sollte man meinen, dass eine Rückkehr des Krisenzyklus in der Bauwirtschaft mehr als wahrscheinlich wäre. Den Daten zufolge blieben die Schwankungen in der Bauwirtschaft recht moderat, während Spekulationsblasen von Vermögenswerten sehr viel öfter auftauchten als in der Vergangenheit (obwohl die oben angeführten NBER-Papiere zu den 1920er Jahren als Beweis des Gegenteils gelesen werden könnten). Zudem zeigen die zyklischen Veränderungen ein komplizierteres geografisches Muster, sogar innerhalb einzelner Länder (z.B. folgt der Süden und Westen der USA einem anderen Rhythmus als der Nordosten und Mittelwesten).

Ohne eine derartige allgemeine Perspektive können wir nicht einmal daran denken, die Dynamik zu verstehen, die 2008 zu der Katastrophe auf den Häusermärkten und in der Stadtentwicklung in einigen Regionen und Städten der USA sowie in Spanien, Irland und Großbritannien führte. Ebensowenig könnten wir die politischen Maßnahmen verstehen, mit denen – insbesondere in China – nach einem Ausweg aus diesem andernorts angerichteten Schlamassel gesucht wird. Denn wir müssen kontrazyklische Entwicklungen beachten, wie sie Brinley Thomas für das 19. Jahrhundert zwischen den USA und Großbritannien belegt hat, bei denen ein Boom im Wohnungsbau an einem Ort durch den Crash an einem anderen Ort ausgeglichen wurde. Heute erleben wir einen Zusammenbruch der Bauwirtschaft in den USA und in großen Teilen Europas, dem die enorme Verstädterung und riesige Infrastrukturinvestitionen vor allem in China, mit einigen Ausläufern insbesondere in den so genannten BRIC-Staaten, gegenüberstehen. Zu diesem Bild aus der Makroperspektive gehört natürlich auch, dass die USA und Europa in einer Phase geringen Wachstums feststecken, während China jährliche Wachstumsra-

[19] Leo Grebler/David Blank/Louis Winnick, Capital Formation in Residential Real Estate, Princeton: Princeton University Press, 1956; Clarence Long, Building Cycles and the Theory of Investment, Princeton: Princeton University Press, 1940; Manuel Gottlieb: Long Swings in Urban Development, New York: National Bureau of Economic Research, 1976.

ten von 10% verzeichnen kann, dicht gefolgt von den anderen BRIC-Staaten.

Der Druck auf den Häusermarkt und städtische Entwicklungsprojekte in den USA, überakkumuliertes Kapital durch spekulative Bautätigkeit zu absorbieren, entstand Mitte der 1990er Jahre und stieg in beschleunigtem Maße nach dem Ende der Hightech-Blase und dem Börsencrash von 2001. Angetrieben wurde der Boom des Wohnungsbaus zweifellos von dem politischen Druck, der auf seriöse Finanzinstitutionen einschließlich Fannie Mae und Freddie Mac ausgeübt wurde, ihre Kreditvergabekriterien entsprechend zu lockern, in Verbindung mit der von Greenspan der Fed empfohlenen Niedrigzinspolitik. Aber wie Groezmann/Newman bemerkten, kann die, vom Staat unterstützte, Finanzwelt Städte und Vororte bauen, aber sie kann nicht garantieren, dass sie sich auch bezahlt machen. Was also war der Motor der Nachfrage?

Um diese Entwicklungsdynamik zu begreifen, müssen wir verstehen, wie auf den Immobilienmärkten die Zirkulation des produktiven und fiktiven Kapitals innerhalb des Kreditsystems miteinander verbunden ist. Finanzhäuser leihen Bauunternehmen und Grundstücksbesitzern Geld, mit dem diese zum Beispiel Reihenhäuser in den Vororten von San Diego oder Eigentumswohnungen in Florida und Südspanien bauen können. In Boomzeiten entfallen etwa 7% der Gesamtbeschäftigung auf die Bauwirtschaft im engeren Sinn und mehr als das Doppelte, wenn wir die Baustofflieferanten und die ganzen juristischen und finanziellen Dienstleistungen hinzurechnen, die sich auf die Immobilienwirtschaft beziehen.

Die Lebensfähigkeit dieses Sektors setzt jedoch voraus, dass Wert realisiert werden kann. Hier kommt das fiktive Kapital ins Spiel. Geld wird an Käufer verliehen, von denen angenommen wird, dass sie es aus ihren Einkommen – den Löhnen oder Profiten – zurückbezahlen können. Auf diese Weise reguliert das Finanzsystem in beträchtlichem Maße sowohl das Angebot von wie die Nachfrage nach Reihenhäusern und Eigentumswohnungen. Dieser Unterschied ähnelt dem, den Marx im *Kapital* zwischen dem »Leihkapital« für die Produktion und der Diskontierung von Wechseln zur Erleichterung der Realisierung des Werts am Markt macht.[20] Im Fall des Wohnungsbaus in Südkalifornien waren es oft dieselben Finanzhäuser, die das Geld für den Bau bereitstellten und dann den Kauf der gebauten Häuser finanzierten. Wie auf dem Arbeitsmarkt verfügt das Kapital auch hier über die Macht, sowohl das Angebot als auch die Nachfrage zu manipulieren[21] (was der Idee des freien Wettbewerbs auf den Märkten, die vom Weltbank-Report als real unterstellt wird, völlig widerspricht).

Aber es ist kein symmetrisches Verhältnis. Während sich Banker und Bauunternehmen leicht zu einem Klassenbündnis zusammenschließen und in vielen Fällen die so genannte städtische Entwicklungsmaschine politisch und ökonomisch kontrollieren können,[22] sind die Hypotheken an die Endverbraucher individualisiert und verstreut. Kredite gehen auch an Menschen, die einer anderen Klasse angehören oder – wie es insbesondere in den USA, aber nicht in Irland der Fall ist – eine andere Hautfarbe haben. Durch die Verbriefung der Hypotheken können die Finanzgesellschaften die Risiken einfach an jemand anderen weitergeben. Genau das haben sie getan, nicht ohne zuvor alle nur denkbaren Kreditgebühren und gesetzlichen Abgaben zu kassieren. Wenn sich der Finanzier entscheiden muss, ob er ein Bauunternehmen pleite gehen lässt, weil es seine Objekte nicht verkaufen kann, oder den Kredit des Käufers platzen lässt und sein Haus pfändet, ist ziemlich klar, in welche Richtung das Finanzsystem tendieren wird – insbesondere wenn der Käufer aus der Unterschicht stammt oder einer ethnischen Minderheit angehört. Klassen- und Rassenvorurteile spielen hier immer eine Rolle.

Zudem entwickeln sich die Märkte von Vermögenswerten, die in Immobilien und Grundstücken stecken, unvermeidlich zu einem Schneeballsystem à la Ponzi, selbst ohne einen Bernie Ma-

---

[20] Karl Marx, Das Kapital. Kritik der politischen Ökonomie, Dritter Band, a.a.O, Kapitel 25.

[21] Karl Marx, Das Kapital. Kritik der politischen Ökonomie, Erster Band, MEW, Bd. 23, Berlin 1962, S. 669.

[22] John Logan/Harvey Molotch, Urban Fortunes: The Political Economy of Place, Berkeley: University of California Press, 1987.

doff an der Spitze zu haben. Ich kaufe eine Immobilie, deren Preis steigt, und diese Marktentwicklung ermuntert andere, ebenfalls zu kaufen. Wenn der Pool an wirklich kreditwürdigen Käufern ausgeschöpft ist, wendet man sich einkommensschwächeren Verbrauchern mit einem höheren Kreditausfallrisiko zu, bis hin zu denen, die weder Einkommen noch Vermögen als Sicherheit bieten können. Denn solange die Preise steigen, könnten sie durch den Weiterverkauf einen Gewinn machen. So geht es weiter, bis die Blase platzt. Für die Finanzinstitute besteht ein enormer Anreiz, die Blase so lange wie möglich wachsen zu lassen. Dummerweise gelingt es ihnen oft nicht mehr, rechtzeitig vom Zug abzuspringen, weil er sich dermaßen schnell beschleunigt. Hier spielen die unterschiedlichen Umschlagszeiten, die Marx im zweiten Band des Kapitals so penibel untersucht, eine wichtige Rolle.[23] Wenn Verträge zur Finanzierung von Bauprojekten aufgesetzt werden, dauert es noch Jahre bis zu den ersten Verkäufen. Die Zeitspannen sind oft enorm. Das Empire State Building in New York wurde am 1. Mai 1931 eröffnet – fast zwei Jahre nach dem Börsencrash und über drei Jahre nach dem Zusammenbruch des Immobilienmarkts. Die Zwillingstürme des World Trade Centers öffneten kurz nach dem Kriseneinbruch von 1973 und konnten jahrelang keine privaten Mieter finden. Und jetzt kommt die Neubebauung des Schauplatzes vom 11.9.2001 zu einer Zeit in Gang, in der die Preise für Geschäftsimmobilien im Keller sind! Weil die Realisierung der produzierten Werte so entscheidend für die Rückzahlung der zunächst vergebenen Kredite ist, werden die Finanzgesellschaften alles nur Mögliche unternehmen, um den Markt über seine tatsächliche Kapazität hinauszutreiben.

Aber auch andere langfristige Fragen müssen hier berücksichtigt werden. Wenn die NBER-Analysen zutreffen, trug der Zusammenbruch des Baubooms nach 1928 – ein Rückgang des Hausbaus um zwei Milliarden US-Dollar (damals eine gewaltige Summe) und Einbruch der Baubeginne auf weniger als 10% ihres früheren Umfangs in den größeren Städten – auf entscheidende,

[23] Marx, Das Kapital. Kritik der politischen Ökonomie, Zweiter Band, a.a.O., Zweiter Abschnitt.

aber bisher kaum verstandene Weise zum Crash von 1929 bei. In einem Wikipedia-Eintrag wird vermerkt: »Verheerend waren das Verschwinden von zwei Millionen gut bezahlter Jobs in der Bauwirtschaft und die Verluste an Profiten und Mieten, die viele Hausbesitzer und Immobilieninvestoren in den Ruin trieben.«[24] Das musste sich zwangsläufig auf den Aktienmarkt im Allgemeinen auswirken. Es ist also kein Wunder, dass die Roosevelt-Regierung später verzweifelte Versuche unternahm, um den Hausbau wieder anzukurbeln. Zu diesem Zweck wurde eine Flut von Reformen zur Hypothekenfinanzierung eingeführt und schließlich durch die Gründung der Federal National Mortgage Association (Fannie Mae) im Jahr 1938 ein Sekundärmarkt eingerichtet. Die Aufgabe von Fannie Mae war es, Hypotheken zu versichern und den Banken und anderen Kreditgebern den Weiterverkauf von Hypotheken zu erlauben, um dringend benötigte Liquidität für den Häusermarkt zu schaffen. Später sollten diese institutionellen Reformen eine entscheidende Rolle bei der Finanzierung der Suburbanisierung in den USA nach dem Zweiten Weltkrieg spielen.

Es handelte sich um notwendige, aber keineswegs hinreichende Bedingungen, um den Wohnungsbau in der US-amerikanischen Wirtschaftsentwicklung auf ein neues Niveau zu heben. Durch alle möglichen steuerlichen Anreize und die GI-Bill zur Wiedereingliederung der Kriegsveteranen sowie das sehr günstige Wohnungsbaugesetz von 1947, das allen Amerikanern das Recht auf eine »anständige Wohnung in einem ordentlichen Wohnumfeld« zusprach, sollte der Anteil an Hauseigentümern aus politischen wie ökonomischen Gründen gesteigert werden. Eigener Hausbesitz wurde als zentrales Moment des »Amerikanischen Traums« gepriesen, und er stieg von knapp über 40% der Bevölkerung in den 1940er auf über 60% in den 1960er Jahren und fast 70% auf seinem Höhepunkt im Jahr 2004 (bis 2010 ist er wieder auf 66% zurückgegangen). Hausbesitz mag in den USA ein tief verwurzelter kultureller Wert sein, aber solche Werte gedeihen am besten, wenn sie durch staatliche Politik propagiert und subventio-

[24] http://en.wikipedia.org/wiki/Cities_in_the_Great_Depression.

niert werden. Die offiziellen Gründe für diese Politik lassen sich alle in dem zitierten Weltbank-Report nachlesen. Aber der politische Grund wird nur selten genannt: Wie in den 1930er Jahren noch offen gesagt wurde – verschuldete Hausbesitzer streiken nicht![25] Wenn das militärische Personal bei seiner Rückkehr aus dem Kriegsdienst im Zweiten Weltkrieg in Arbeitslosigkeit und Wirtschaftskrise geraten wäre, hätte dies eine soziale und politische Bedrohung dargestellt. Warum nicht zwei Fliegen mit einer Klappe schlagen: Ankurbelung der Ökonomie durch massiven Wohnungsbau und Suburbanisierung und Einbindung der besser bezahlten Arbeiter in die konservative Politik durch eigenen Hausbesitz!

Während der 1950er und 1960er Jahre funktionierte diese Politik sowohl in politischer als auch makroökonomischer Hinsicht, weil sie zu zwei Jahrzehnten eines robusten Wachstums in den USA beitrug, das sich auch global auswirkte. Aber die Urbanisierungsprozesse verliefen geografisch genauso unterschiedlich, wie es die Einkommenszuflüsse an verschiedene Segmente der Arbeiterklasse waren. Die Vorstädte verbesserten sich, aber die Innenstädte stagnierten und verfielen. Während die weiße Arbeiterklasse ihre Situation verbessern konnte, gelang dies den in den Innenstädten hängengebliebenen Minderheiten, insbesondere den afroamerikanischen Bevölkerungsteilen, nicht. Das Resultat war eine ganze Serie von Aufständen in den Innenstädten – Detroit, Watts (Los Angeles), bis hin zu einer Welle spontaner Aufstände in etwa vierzig Städten in den ganzen USA nach der Ermordung von Martin Luther King im Jahr 1968. Das, was später als »Krise der Stadt« bezeichnet werden sollte, stand nun vor aller Augen (auch wenn es sich in makroökonomischer Hinsicht nicht um eine Krise der Verstädterung handelte). Um sie zu bewältigen, wurden nach 1968 große Summen aus dem Bundeshaushalt bereitgestellt, bis Nixon im Krisenjahr 1973 – aus fiskalischen Gründen – die städtische Krise für beendet erklärte.[26]

---

[25] Martin Boddy, The Building Societies, London: Macmillan, 1980.

[26] The Kerner Commission, Report of the National Advisory Commission on Civil Disorders, Washington, DC: Government Printing Office, 1968.

Am Rande all dieser Programme wurde Fannie Mae 1968 zu einem staatlich subventionierten Privatunternehmen, und nachdem ihm 1972 in Gestalt der Federal Home Mortgage Corporation (Freddie Mac) ein »Wettbewerber« zur Seite gestellt worden war, spielten beide Institutionen fast fünfzig Jahre lang eine äußerst wichtige und letztlich zerstörerische Rolle bei der Förderung von Hausbesitz und der Stützung des Wohnungsbaus. Heute belaufen sich die Hypothekenschulden auf etwa 40% der gesamten privaten Verschuldung in den USA und ein großer Teil davon ist toxisch. Sowohl Fannie Mae wie Freddie Mac wurden wieder unter Regierungskontrolle gestellt. Was mit ihnen gemacht werden soll, ist eine im Rahmen der gesamten Verschuldung der USA heftig umstrittene politische Frage (die auch die Förderung von eigenem Hausbesitz betrifft). Was auch immer geschieht, es wird weitreichende Folgen für die Zukunft des Wohnungsbaus im Besonderen und die Verstädterung im Allgemeinen als Moment der Kapitalakkumulation in den USA haben.

Zur Zeit sieht es in den USA nicht sehr rosig aus. Der Wohnungsbau hat sich nicht erholt und es gibt Hinweise, dass er in die gefürchtete »Double-Dip«-Rezession gerät, da die Regierungsgelder versiegen und die Arbeitslosigkeit hoch bleibt. Die Zahl der Baubeginne ist zum ersten Mal auf das Niveau der Zeit vor 1940 gesunken. Im März 2011 lag die Arbeitslosenquote in der Bauwirtschaft bei über 20%, im Vergleich zu 9,7% in der Industrie, was in etwa dem landesweiten Durchschnitt entspricht. Während der Großen Depression blieb über ein Viertel der Bauarbeiter bis 1939 arbeitslos. Ein wesentliches Ziel von staatlichen Eingriffen wie der Arbeitsbeschaffungsbehörde (WPA) war es, sie wieder in Arbeit zu bringen. Versuche der Obama-Regierung, ein Förderprogramm für Infrastrukturmaßnahmen aufzulegen, sind zum größten Teil durch die Opposition der Republikaner verhindert worden. Zu allem Übel steht es um die Finanzen der Bundesstaaten und Kommunen in den USA so schlecht, dass sie Beschäftigte entlassen oder beurlauben und städtische Dienstleistungen drastisch kürzen. Der Zusammenbruch des Häusermarkts und der landesweite Fall der Häuserpreise um 20% oder mehr hat gewaltige Löcher in die kommunalen Finanzen gerissen, die stark von den Grund- und Vermögenssteuern abhängig sind. Es zeichnet sich eine städtische Haushaltskrise ab, da die Regierungen der Bundesstaaten und Gemeinden ihre Ausgaben kürzen und die Bauwirtschaft weiter stagniert.

Hinzu kommt eine Klassenpolitik der Austerität, die aus politischen und nicht aus ökonomischen Gründen betrieben wird. Verwaltungen von Bundesstaaten und Gemeinden, die vom rechtsradikalen Flügel der Republikaner kontrolliert werden, benutzen die so genannte Schuldenkrise, um Regierungsprogramme auseinanderzunehmen und die Beschäftigung im öffentlichen Dienst abzubauen. Dies ist natürlich eine altbekannte Taktik von kapitalfreundlichen Angriffen auf Regierungsprogramme im Allgemeinen. Reagan senkte die Besteuerung der Reichen von 72 auf 30% und lancierte ein schuldenfinanziertes Wettrüsten mit der Sowjetunion. Folglich explodierte die Verschuldung unter Reagan. Wie sein Haushaltschef David Stockman später bemerkte, wurde das Schuldenmachen zur üblichen Ausrede, um staatliche Regulierungen (z.B. in ökologischen Fragen) und soziale Programme abzubauen, wodurch die Kosten der Umweltzerstörung und der sozialen Reproduktion faktisch externalisiert wurden. Präsident Bush junior folgte treu und brav seinem Beispiel und sein Vizepräsident Dick Cheney erklärte: »Reagan lehrte uns, dass es auf Defizite nicht ankommt.«[27] Steuersenkungen für die Reichen, zwei finanziell nicht gedeckte Kriege im Irak und in Afghanistan, und ein riesiges Geschenk an die Pharmaindustrie in Gestalt eines staatlich finanzierten Verschreibungsprogramms von Medikamenten – all dies verwandelte den Haushaltsüberschuss unter Clinton in ein Meer aus roter Tinte, was es der Republikanischen Partei und konservativen Demokraten später ermöglichte, dem Großkapital seine Wünsche zu erfüllen und jene Kosten so weit wie möglich zu externalisieren, die das Kapital noch nie übernehmen wollte: die Kosten für die Umweltzerstörung und für die gesellschaftliche Reproduktion.

[27] Jonathan Weisman, »Reagan Policies Gave Green Light to Red Ink«, Washington Post, 9. Juni 2004; William Greider, »The Education of David Stockman«, Atlantic Monthly, Dezember 1981.

Der Anschlag auf die Umwelt und das Wohlergehen der Menschen ist spürbar und er findet nicht aus ökonomischen, sondern aus politischen und klassenbezogenen Gründen statt. Wie David Stockman noch kürzlich erklärte, wird dadurch ein regelrechter Klassenkrieg erzeugt. Oder wie es Warren Buffet sagte: »Es herrscht Klassenkrieg, richtig, aber es ist meine Klasse, die Klasse der Reichen, die den Krieg führt, und wir gewinnen ihn.«[28] Es bleibt nur die Frage: Wann werden die Menschen beginnen, in diesem Klassenkrieg zurückzuschießen? Ein möglicher Ansatz dafür wäre der drastische Verfall der städtischen Lebensbedingungen – durch Zwangsversteigerungen, räuberische Methoden auf den städtischen Wohnungsmärkten, den Abbau von Dienstleistungen und vor allem aufgrund des Mangels an existenzsichernden Beschäftigungsmöglichkeiten auf den städtischen Arbeitsmärkten. An ihnen fehlt es in fast allen Städten, und in einigen, für die Detroit das bedauernswerte Aushängeschild bildet, ist den Menschen jegliche Aussicht auf Beschäftigung genommen. Die heutige Krise ist wie alle früheren auch eine städtische Krise.

## Räuberische Methoden in den Städten

Sobald der Arbeiter »seinen Arbeitslohn bar ausgezahlt erhält, so fallen die andern Teile der Bourgeoisie über ihn her, der Hausbesitzer, der Krämer, der Pfandleiher usw.«, bemerken Marx und Engels beiläufig im *Kommunistischen Manifest*.[29] Solche Formen der Ausbeutung und die unvermeidlich aus ihnen entstehenden Klassenkämpfe (denn um solche handelt es sich) wurden von den Marxisten traditioneller Weise als nebensächliche theoretische Probleme behandelt und tauchten nur am Rande in ihrer Politik auf. Ich möchte jedoch zeigen, dass sie zumindest in den entwickelten kapitalistischen Ökonomien ein enormes Feld der Akkumulation durch Enteignung darstellen, durch

[28] Warren Buffett im Interview mit Ben Stein, »In Class Warfare, Guess Which Class Is Winning«, New York Times, 26. November 2006; David Stockman, »The Bipartisan March to Fiscal Madness«, New York Times, 23. April 2011.

[29] Karl Marx/Friedrich Engels, Manifest der Kommunistischen Partei, in: MEW, Bd. 4, S. 469.

die Geld in die Zirkulation des fiktiven Kapitals gesaugt wird, mit dem die enormen Vermögensgewinne aus dem Finanzsystem gestützt werden. Das Ausmaß der räuberischen Methoden, die vor dem Crash bei der Vergabe von Subprime-Krediten überall zur Anwendung kamen, war legendär. Vor dem Ausbruch der Krise wurde geschätzt, dass die geringverdienenden afroamerikanischen Bevölkerungsteile in den USA durch solche Methoden Vermögensverluste von 71 bis 93 Milliarden US-Dollar erlitten hatten. Gleichzeitig stiegen die Boni an der Wall Street extrem an, die auf den unvorstellbaren Profitraten aus reinen Finanzmanipulationen, insbesondere der Verbriefung von Hypotheken, beruhten. Daraus lässt sich nur schließen, dass es durch die finanziellen Manipulationen auf den Immobilienmärkten zu einem massiven Reichtumstransfer von den Armen zu den Reichen gekommen ist, und dazu verschiedene verborgene Kanäle genutzt wurden, die weit über das hinausgehen, was für Hypothekengesellschaften wie Countrywide mittlerweile als schlichte Betrügerei dokumentiert ist.[30]

Noch erstaunlicher ist, was seitdem passierte. Es stellt sich heraus, dass viele der Zwangsversteigerungen (über eine Million im letzten Jahr) illegal oder sogar regelrecht betrügerisch waren. Ein Kongressabgeordneter aus Florida schrieb an den Richter am Obersten Gerichtshof von Florida: »Sollte zutreffen, was mir zu Ohren gekommen ist, so würde es sich bei den durchgeführten illegalen Zwangsvollstreckungen um die größte Pfändung von privatem Eigentum handeln, die je von Banken und Regierungsbehörden versucht wurde.«[31] In allen fünfzig Bundesstaaten wird das Problem jetzt vom Generalstaatsanwalt untersucht. Aber wie zu erwarten war, bemühen sie sich alle, ihre Untersuchungen mit möglichst allgemein gehaltenen Berichten abzuschließen, die höchstens zu einigen finanziellen Vergleichen führen, nicht aber zur Rückgabe des illegal gepfändeten Eigentums.

---

[30] Barbara Ehrenreich/Dedrich Muhammad, »The Recession's Racial Divide«, New York Times, 12. September 2009.

[31] Gretchen Morgenson/Joshua Rosner, Reckless Endangerment: How Outsized Ambition, Greed and Corruption Led to Economic Armageddon, New York: Times Books, 2011.

Und sicherlich wird niemand dafür in den Knast wandern, obwohl stichhaltige Beweise für die systematische Fälschung rechtlicher Dokumente vorliegen.

Derartige räuberische Methoden werden schon seit langem angewandt. Hier nur ein paar Beispiele aus Baltimore. Kurz nachdem ich 1969 in die Stadt gekommen war, wurde ich an einer Untersuchung zur innerstädtischen Versorgung mit Wohnraum beteiligt. Es sollte festgestellt werden, was die verschiedenen Akteure – Hausbesitzer, Mieter und Wohnungseigentümer, die Makler und Kreditgeber, die Federal Housing Administration der Bundesregierung und städtische Behörden wie insbesondere das Housing Code Enforcement – zu den schrecklichen rattenverseuchten Wohnbedingungen in denjenigen innerstädtischen Gebieten beitrugen, die von den Zerstörungen während der Aufstände nach der Ermordung von Martin Luther King betroffen gewesen waren. Auf dem Stadtplan war klar zu erkennen, welche Gebiete mit geringverdienender afroamerikanischer Wohnbevölkerung als nicht kreditwürdig markiert worden waren. Bisher waren solche Ausschlüsse als legitime Reaktion auf das hohe Ausfallrisiko gerechtfertigt worden, die angeblich nichts mit rassischen Kriterien zu tun hätten. In mehreren Gebieten der Stadt konnte die Anwendung von »Blockbusting«-Methoden nachgewiesen werden, bei denen weiße Hausbesitzer zum Verkauf unter Wert gedrängt werden, weil sich angeblich zunehmend Minderheiten in ihrem Stadtteil ansiedeln. Skrupellosen Immobilienfirmen verschaffte das hohe Profite. Aber es konnte nur funktionieren, wenn auch Afroamerikaner auf irgendeine Weise an Hypothekendarlehen kamen, obwohl ihnen pauschal ein hohes Kreditausfallrisiko zugeschrieben wurde. Eine Möglichkeit dazu boten die so genannten Land Installment-Verträge. Immobilienbesitzer »halfen« den Afroamerikanern, indem sie als Vermittler zu den Kreditmärkten auftraten und in ihrem eigenen Namen eine Hypothek aufnahmen. Wenn die Familie nach einigen Jahren einen Teil des Kredits zuzüglich der Zinsen abbezahlt und damit ihre Kreditwürdigkeit unter Beweis gestellt hatte, sollte der Eigentumstitel mit Hilfe des freundlichen Besitzers und der örtlichen Hypothekeninstitutionen den Bewohnern überschrieben werden.

Einige Käufer schafften es – allerdings vor allem jene, die in niedergehenden Vierteln mit sinkenden Häuserpreisen wohnten. Aber in der Hand von skrupellosen Verkäufern (von denen es in Baltimore im Vergleich zu Chicago, wo dieses System auch üblich war, sehr viele gab) konnte daraus eine besonders räuberische Form von Akkumulation durch Enteignung werden.[32] Dem Eigentümer war es erlaubt, Gebühren für die Grundsteuer, Verwaltungskosten usw. zu erheben. Diese manchmal exorbitanten Gebühren konnten auf die Kreditsumme der Hypothek aufgeschlagen werden. Das brachte manche Familien in die Lage, dass sie nach jahrelangen regelmäßigen Zahlungen eine größere Kreditsumme zurückzahlen mussten, als sie ursprünglich aufgenommen hatten. Wenn sie die aufgrund der gestiegenen Zinsen erhöhten Rückzahlungsraten ein einziges Mal nicht zahlen konnten, wurde der Vertrag annulliert und das Haus oder die Wohnung der Familie zwangsgeräumt. Diese Methoden lösten fast einen Skandal aus. Gegen die übelsten Hausverkäufer wurde eine Bürgerrechtskampagne gestartet. Aber die Aktion scheiterte einfach daran, dass die Käufer nicht das Kleingedruckte in den von ihnen unterschriebenen »Land Installment«-Verträgen gelesen hatten und sich auch keinen Anwalt leisten konnten, der es für sie hätte prüfen können. (Ohnehin ist das Kleingedruckte für Normalsterbliche völlig unverständlich – wer hat sich schon mal das Kleingedruckte auf seiner Kreditkarte durchgelesen?)

Derartige räuberische Methoden sind nie aufgegeben worden. In den 1980er Jahren wurden die »Land Installment«-Verträge durch die Methode des »Flipping« ersetzt (ein Immobilienmakler kauft dabei ein heruntergekommenes Haus billig auf, macht ein paar kosmetische, stark überbewertete Reparaturen und arrangiert dann eine »günstige« Hypothekenfinanzierung für den ahnungslosen Käufer, der in dem Haus solange wohnt, bis das Dach einstürzt oder die Heizung explodiert). Und als ab den 1990er Jahren der Subprime-Markt entstand, wurden Städte wie Baltimore, Cleveland, Detroit oder Buffalo zu den wichtigsten

[32] Lynne Sagalyn, »Mortgage Lending in Older Neighborhoods«, Annals of the American Academy of Political and Social Science, 465 (January), 1983, S. 98-108.

Zentren eines neuen Schubs der Akkumulation durch Enteignung (von landesweit 70 oder mehr Mio. US-Dollar). Nach dem Crash von 2008 strengte Baltimore schließlich eine Zivilrechtsklage gegen Wells Fargo an. Der Firma wurde ihre diskriminierende Vergabe von Subprime-Krediten vorgeworfen, mit der sie Afroamerikaner und alleinerziehende Frauen systematisch ausgebeutet hatte – Menschen aus bestimmten Wohnvierteln waren dazu gedrängt worden, Kredite zu den Subprime-Konditionen statt zu den üblichen Bedingungen aufzunehmen. Das Verfahren wird höchstwahrscheinlich scheitern, auch wenn nach drei Verhandlungsrunden die Anrufung der nächsten Instanz zugelassen wurde. Denn es wird kaum zu beweisen sein, dass es sich um absichtliche rassistische Diskriminierung und nicht nur die Abwägung des Ausfallsrisikos handelte. Wie üblich lässt das unverständliche Kleingedruckte eine ganze Menge zu. Cleveland ließ sich etwas mehr einfallen: Die Stadt verklagte die Finanzgesellschaften wegen Erregung öffentlichen Ärgernisses, weil die Gegend mit zwangsversteigerten Häusern übersät ist, die von der Stadt zugenagelt werden müssen!

### Der Fall China

Auch wenn noch offen ist, ob es diesmal überhaupt einen Ausweg aus der Krise geben kann, so ist doch bemerkenswert, dass der Bauboom in China in Verbindung mit einem riesigen Schub von kreditfinanzierten Infrastrukturinvestitionen nicht nur den Binnenmarkt belebt (und die Arbeitslosigkeit in den Exportbranchen ausgeglichen) hat, sondern auch die Ökonomien jener Länder stützte, die stark in den chinesischen Handel integriert sind, wie Australien und Chile mit ihren Rohstoffen oder Deutschland durch seine Hochgeschwindigkeitszüge und Automobilexporte. (In den USA erholt sich hingegen die Bauwirtschaft nur sehr langsam und weist eine Arbeitslosigkeit auf, die mehr als doppelt so hoch wie der landesweite Durchschnitt ist.) Investitionen in die Stadtentwicklung erfordern in der Regel lange Produktionszeiten und noch längere Zeiten bis zur Fertigstellung. Daher lässt sich nur schwer ausmachen, wann die Überakkumulation von Kapital in eine Überakkumulation von Investitionen in die Bebauung umschlägt. Es besteht daher eine hohe Wahrscheinlichkeit von überschüssigen Entwicklungen, wie es sie im 19. Jahrhundert ständig bei den Eisenbahnen gab und wie sich an der langen Geschichte der Krisenzyklen in der Bauwirtschaft ablesen lässt.

Die Sorglosigkeit bei der hektischen Urbanisierung und dem Boom an Investitionen in die Infrastruktur, von denen die Geografie des nationalen chinesischen Raums völlig umgekrempelt wird, beruht zum Teil auf der Fähigkeit der Zentralregierung, willkürlich ins Bankensystem eingreifen zu können, falls etwas schief läuft. Die vergleichsweise milde Rezession auf den Immobilienmärkten führender Städte wie Shanghai Ende der 1990er Jahre brachte die Banken in die missliche Lage, auf einer riesigen Menge von »ertraglosen Aktiva« zu sitzen (die wir als »toxisch« bezeichnen würden). Inoffiziellen Schätzungen zufolge waren bis zu 40% der Bankdarlehen »ertraglos«.[33] Die Zentralregierung reagierte, indem sie mit Hilfe ihrer enormen Devisenreserven die Banken rekapitalisierte (eine chinesische Version des 2008 von den USA eingeführten und umstrittenen Troubled Asset Relief Program, TARP, mit dem die Regierung Anteile an notleidenden Banken kaufte). Es ist bekannt, dass die chinesische Regierung damals etwa 45 Mrd. US-Dollar ihrer Devisenreserven dafür einsetzte. Möglicherweise hat sie auf indirekte Weise noch sehr viel mehr ausgegeben. Aber in dem Maße, in dem sich die chinesischen Institutionen mehr und mehr den globalen Finanzmärkten anpassen, wird es für die Zentralregierung schwieriger, die Entwicklungen im Finanzsektor unter Kontrolle zu halten.

Die aktuellen Berichte aus China vermitteln allerdings ein Bild, das auf beunruhigende Weise an die Entwicklungen im Südwesten der USA und in Florida in den 2000er Jahren oder denen in Florida in den 1920er Jahren erinnert. Seit der Wohnungsbau in China 1998 insgesamt privatisiert wurde, ist ein spektakulärer (und spekulativer) Bauboom entstanden. Berichten zufolge sind die Häuserpreise seit 2007 landesweit um 140% gestiegen und in

---

[33] Keith Bradsher, »China Announces New Bailout of Big Banks«, New York Times, 7. Januar 2004.

den wichtigsten Städten wie Beijing und Shanghai in den letzten fünf Jahren um 800%. In Shanghai sollen sich die Immobilienpreise allein im letzten Jahr verdoppelt haben. Der durchschnittliche Preis für ein Appartement beträgt jetzt 500.000 US-Dollar und selbst in zweitrangigen Städten kostet eine normale Wohnung »etwa das Fünfundzwanzigfache des durchschnittlichen Einkommens der Bewohner«, was auf Dauer unhaltbar ist und zu einem enormen Inflationsdruck führt. »Das Wirtschaftswachstum des Landes ist immer noch zu stark an inflationäre Ausgaben für Immobilienprojekte und staatliche Investitionen in Straßen, Eisenbahnen und andere milliardenschwere Infrastrukturmaßnahmen gekoppelt. Regierungsangaben zufolge erhöhten sich die Investitionen in Anlagevermögen, die ein grober Indikator für die Bautätigkeit sind, im ersten Quartal 2011 sprunghaft um 25% im Vergleich zum Vorjahreszeitraum; die Investitionen in Immobilien um 37%.«[34]

Umfangreiche Landkäufe und gigantische Vertreibungsmaßnahmen in einigen der wichtigsten Städte (in Beijing wurden in den letzten zehn Jahren drei Millionen Menschen vertrieben) weisen auf eine äußerst effektive Ökonomie der Enteignung hin, die im Rahmen der rapiden Verstädterung in ganz China einen Aufschwung erlebt. Die zwangsweisen Umsiedlungen und Enteignungen bilden wahrscheinlich die wichtigste Ursache für die anschwellende Flut von öffentlichen und manchmal gewaltsamen Protesten. Auf der anderen Seite sind die Landverkäufe an Baufirmen zu einer lukrativen Einnahmequelle geworden, aus der sich die örtlichen Behörden bedienen können. Erst Anfang 2011 forderte die Zentralregierung dazu auf, die Verkäufe einzuschränken und den Immobilienmarkt einzudämmen, der vielen Berichten zufolge außer Kontrolle geraten war. Dadurch gerieten allerdings viele Stadtverwaltungen in fiskalische Schwierigkeiten.

---

[34] David Barboza, »Inflation in China Poses Big Threat to Global Trade«, New York Times, 17. April 2011; Jamil Anderlini, »Fate of Real Estate is Global Concern«, Financial Times, 1. Juni 2011; Robert Cookson, »China Bulls Reined in by Fears on Economy«, Financial Times, 1. Juni 2011; David Barboza, »Building Boom in China Stirs Fears of Debt Overload«, New York Times, 7. Juli 2011.

Im Landesinneren von China entstehen völlig neue Städte, in denen bisher noch kaum ein Mensch lebt oder arbeitet, was zu kuriosen Werbekampagnen in den Wirtschaftszeitungen der USA führt, mit denen Investoren und Firmen auf dieses städtische Neuland des globalen Kapitalismus gelockt werden sollen.[35] Wenn wir die gesamten Hilfs- und Zulieferleistungen der Bauwirtschaft mit einbeziehen, dürfte die rasante Verstädterung in China ähnlich wie die Suburbanisierung in den USA nach dem Zweiten Weltkrieg heute eine äußerst wichtige, wenn nicht sogar die entscheidende Rolle für die Wiederbelebung des globalen Wirtschaftswachstums spielen. »Einigen Schätzungen zufolge verbraucht China bis zu 50% der wichtigsten globalen Waren und Rohstoffe wie Zement, Eisenerz, Stahl und Kohle, und der chinesische Immobilienmarkt ist die Haupttriebkraft dieser Nachfrage.«[36] Da mindestens die Hälfte des Stahlverbrauchs in Bauprojekte geht, wird also heute ein Viertel der globalen Stahlproduktion allein von diesen Aktivitäten absorbiert. China ist nicht der einzige Ort, an dem sich ein solcher Bauboom ausmachen lässt. Alle so genannten BRIC-Staaten scheinen sich dieser Entwicklung anzuschließen. So verdoppelten sich in Sao Paulo und Rio im letzten Jahr die Immobilienpreise und in Indien und Russland herrschen ähnliche Verhältnisse. Aber alle diese Länder weisen hohe Raten des gesamtwirtschaftlichen Wachstums auf.

Die Versuche der chinesischen Zentralregierung, den Boom unter Kontrolle zu bringen und den inflationären Druck zu dämpfen, indem sie schrittweise die Mindestreservepflicht der Banken anhob, waren wenig erfolgreich. Angeblich soll ein System von »Schattenbanken« entstanden sein, das mit den Investitionen in Grundstücke und Immobilien eng verzahnt ist. Die sich beschleunigende Inflation hat zu um sich greifenden Unruhen geführt. Wir erhalten Berichte über Arbeitskämpfe von Taxi- und LKW-Fahrern in Shanghai sowie von überraschenden massiven Streiks in Fabriken der Industriegebiete von Guangdong, die sich

---

[35] David Barboza, »A City Born of China's Boom, Still Unpeopled«, New York Times, 20. Oktober 2010.

[36] Anderlini, »Fate of Real Estate«, a.a.O.

gegen niedrige Löhne, schlechte Arbeitsbedingungen und steigende Preise richten. Die offiziellen Berichte über Unruhen haben dramatisch zugenommen. Moderate Lohnerhöhungen und staatliche Maßnahmen zielen darauf, die anschwellenden Unruhen einzudämmen, und dienen vielleicht auch der Stimulierung des internen Markts als einem Ersatz für die riskanteren und stagnierenden Exportmärkte (in China macht der Konsum gegenwärtig nur 35% des BIP aus, während es in den USA 70% sind).

Wir müssen jedoch all das vor dem Hintergrund der konkreten Schritte verstehen, mit denen die chinesische Regierung auf die Krise 2007-09 reagiert hat. Die wichtigste Auswirkung dieser Krise auf China bestand in dem plötzlichen Zusammenbruch der Exportmärkte (insbesondere dem in den USA). Anfang 2008 sanken die Exporte um 20%. Einigen halbwegs glaubwürdigen Schätzungen zufolge gingen 2008 für eine kurze Zeit etwa 20 Millionen Jobs im Exportsektor verloren. Aber der IWF konnte berichten, dass es in China bis zum Herbst 2009 nur zu einem Nettoverlust von drei Millionen Arbeitsplätzen gekommen war.[37] Ein Teil des Unterschieds zwischen Brutto- und Nettoverlusten an Arbeitsplätzen dürfte sich aus der Rückkehr von arbeitslosen Wanderarbeiter_innen in ihre Dörfer erklären. Aber der übrige Teil beruht mit ziemlicher Sicherheit darauf, dass die Regierung ein massives keynesianisches Förderprogramm für Investitionen in die Stadtentwicklung und den Ausbau der Infrastruktur auflegte. Von der Zentralregierung wurden fast 600 Mrd. US-Dollar zur Verfügung gestellt und die von der Regierung kontrollierten Banken wurden angewiesen, umfangreiche Kredite für alle möglichen lokalen Entwicklungsprojekte (einschließlich der Immobilienwirtschaft) zu vergeben, mit denen überschüssige Arbeitskräfte beschäftigt werden konnten. Diese umfangreichen Programme sollten die Wirtschaft wieder ankurbeln, und sie scheinen bei der Erreichung ihrer unmittelbaren

[37] International Monetary Fund/International Labour Organization, The Challenges of Growth, Employment and Social Cohesion, Geneva: International Labour Organization, 2010.

Ziele einen gewissen Erfolg gehabt zu haben, wenn die Zahlen des IWF korrekt sind.

Die große Frage besteht nun darin, ob diese Staatsausgaben unter die Kategorie »produktiv« fallen oder nicht. Und wenn es so ist – produktiv für was und für wen? Zweifellos käme eine stärkere und wirksamere räumliche Integration China insgesamt zugute und zumindest oberflächlich betrachtet scheint der riesige Schub von Infrastrukturmaßnahmen und Stadtentwicklungsprojekten genau das zu leisten, indem das Landesinnere mit den wohlhabenderen Küstenregionen und der Norden mit dem Süden verbunden wird. Für die Großstädte scheint dieser Prozess der städtischen Entwicklung und Regeneration mit der Einführung moderner Technologien in den Städtebau und einer Diversifizierung der Aktivitäten verbunden zu sein. (Dazu gehören auch all die erforderlichen Institutionen der Kulturindustrie und Wissensgesellschaft, die von der Weltausstellung Expo 2010 in Shanghai exemplarisch dargestellt wurden und die so kennzeichnend für die neoliberale Urbanisierung in den USA und in Europa sind.) Angesichts des gegenwärtigen Mangels an profitablen Anlagemöglichkeiten hat die Absorption von überschüssiger Liquidität und überakkumuliertem Kapital mit Sicherheit die Kapitalakkumulation nicht nur in China, sondern auch in einem großen Teil der übrigen Welt gestützt.

In gewisser Hinsicht ähnelt die Entwicklung von China der in den USA nach dem Zweiten Weltkrieg, als der Süden und Westen durch staatenübergreifende Autobahnen verbunden wurden. Zusammen mit der Suburbanisierung trug dies entscheidend zur Sicherung der Beschäftigung und der Kapitalakkumulation bei. Aber diese Ähnlichkeit ist noch in anderer Hinsicht aufschlussreich. Die Entwicklung der USA nach 1945 machte nicht nur einen verschwenderischen Gebrauch von Energie und Land, sondern brachte auch die marginalisierten und ausgeschlossenen städtischen Bevölkerungsgruppen in eine besondere Krise, auf die in den 1960er Jahren mit einer ganzen Flut von politischen Programmen reagiert wurde. Nach dem Crash von 1973 verschwanden sie wieder, da Präsident Nixon in seiner Rede zur Lage der Nation verkündet hatte, die städtische Krise sei nun vorüber und es werde keine Bundesmittel mehr geben. Auf kommunaler Ebene gerieten dadurch die städtischen Dienstleistungen in eine Krise, deren schreckliche Folgen sich ab Ende der 1970er Jahre zeigten: Verfall des öffentlichen Schulwesens und der öffentlichen Gesundheitsversorgung und ein Mangel an bezahlbarem Wohnraum.

Die Investitionsstrategie in China droht, in eine ähnliche Schieflage zu geraten. Der Hochgeschwindigkeitszug zwischen Shanghai und Beijing ist eine prima Sache für Geschäftsleute und die obere Mittelschicht, aber er ist kein preisgünstiges Transportsystem, mit dem die Wanderarbeiter_innen zum chinesischen Neujahrsfest nach Hause fahren könnten. Und Hochhaussiedlungen mit Appartements, bewachte Wohnviertel, Golfplätze und Luxuskaufhäuser für die Reichen sind nicht gerade das, was den verarmten Massen zu angemessenen Lebensbedingungen verhilft. Diese Frage wird auch in Indien und unzähligen anderen Städten auf der Welt akut, in denen sich marginalisierte Bevölkerungsteile konzentrieren – von den unruhigen Banlieues um Paris bis zu den sozialen Bewegungen in Argentinien, Südafrika oder in ganz Nordafrika. Es könnte zu einem der wichtigsten politischen Probleme werden (und ist es in einigen Fällen bereits geworden), was mit den verarmten, haltlosen und ausgeschlossenen Arbeiterinnen und Arbeitern gemacht werden soll, die heute in vielen kapitalistischen Städten einen mehrheitlichen und vermutlich einflussreichen Machtblock bilden. Diese Frage ist so drängend, dass sich die heutigen militärischen Planungen stark darauf konzentrieren, wie auf widerspenstige und potenziell revolutionäre städtische Bewegungen reagiert werden kann.

Im chinesischen Fall stoßen wir jedoch auf eine interessante Abweichung von dieser Erzählung. In gewisser Hinsicht beruht der Entwicklungsverlauf seit dem Beginn der Liberalisierung im Jahr 1979 auf der einfachen These, dass sich eine zentralisierte Kontrolle am besten durch Dezentralisierung erreichen lässt. Die einzelnen Regionen, Gemeinden und sogar Dörfer und Stadtteile sollten im Rahmen einer zentralisierten Kontrolle und der Marktkoordination nach ihren jeweils besten Entwicklungsmöglichkeiten suchen. Wurden auf örtlicher Ebene erfolgreiche Lösungen gefunden, so wurde die Politik der Zentralregierung auf ihrer Grundlage abgeändert. Laut Berichten aus China könnte der 2012 anstehende Machtwechsel mit einer interessanten Entscheidung verbunden sein. Die Aufmerksamkeit richtet sich auf die Stadt Chongquing, in der sich schon seit einiger Zeit eine Abkehr von der marktorientierten Politik zurück zu einem Entwicklungspfad mit staatlicher Umverteilungspolitik vollzogen hat – verbunden mit »einem ganzen Arsenal maoistischer Parolen«. In diesem Modell »dreht sich wieder alles um die Frage des Eigentums und der Ungleichheit«. Die Stadtregierung »leitet die am Markt erzielten Profite der Staatsbetriebe in traditionelle sozialistische Projekte und finanziert aus ihren Einnahmen bezahlbaren Wohnraum und öffentlichen Nahverkehr«.[38] Zu dieser Wohnungsbauinitiative gehört ein umfangreiches Bauprogramm, das ein Drittel der 30 Millionen Einwohner_innen im erweiterten Stadtgebiet mit billigem Wohnraum versorgen soll. Voraussichtlich werden dort 20 Satellitenstädte für jeweils 300.000 Einwohner entstehen, von denen 50.000 in Sozialwohnungen leben können. Entgegen den Empfehlungen der Weltbank ist es hier das Ziel, die eskalierende soziale Ungleichheit zu reduzieren, die in den letzten zwei Jahrzehnten überall in China entstanden ist. Es handelt sich um ein Gegengift für die von privaten Baufirmen entwickelten umzäunten Wohnviertel für die Reichen. Diese Rückkehr zu einer sozialistischen Umverteilungspolitik, die den Privatsektor für öffentliche Aufgaben nutzt, könnte nun der Zentralregierung als Modell für ihre eigene Politik dienen. Auf geschickte Weise löst es das Problem der Absorbierung von überschüssigem Kapital, während es zugleich die weitere Urbanisierung der ländlichen Bevölkerung ermöglicht und durch ein gewisses Maß an gesicherten Wohnverhältnissen für die sozial Schwächeren der öffentlichen Unruhe begegnet. Dies erinnert an die Stadtpolitik in den USA nach 1945 – wirtschaftliches Wachstum sichern und zugleich potenziell widerspenstige Bevölkerungsteile kooptie-

[38] Kathrin Hille/Jamil Anderlini, »China: Mao and the Next Generation«, Financial Times, 2. Juni 2011; Peter Martin/David Cohen, »Socialism 3.0 in China«, auf http://the-diplomat.com.

ren. Aber schon jetzt führt das Ausmaß an Landkäufen, das für ein solches Programm erforderlich ist, zu Unruhen und Widerstand der dadurch Vertriebenen.

In anderen Regionen, insbesondere in den Städten an der Küste und im Süden wie Shenzhen, wird hingegen auf marktorientierte Entwicklungspfade gesetzt. Im Vordergrund stehen hier die politische Liberalisierung und so etwas wie eine bürgerliche städtische Demokratie in Verbindung mit mehr Spielräumen für den freien Markt. Hier wird die zunehmende soziale Ungleichheit als notwendiger Preis für das anhaltende Wirtschaftswachstum und die Wettbewerbsfähigkeit hingenommen. Zur Zeit lässt sich nicht vorhersagen, in welche Richtung die Zentralregierung tendieren wird. Aber letztlich wird es darauf ankommen, welche Rolle städtische Initiativen bei der Entwicklung verschiedener Zukunftsvorstellungen spielen werden. Wie könnte sich dann die Linke insgesamt, sowohl in der Theorie als auch in ihrer politischen Praxis, auf diese Perspektiven beziehen?

## Auf dem Weg zur städtischen Revolution?

Die Stadt war schon immer das Terrain, auf dem sich die antikapitalistischen Kämpfe entwickelten. Die Geschichte dieser Kämpfe ist atemberaubend: von der Pariser Kommune über die Kommune von Shanghai, den Generalstreik in Seattle, den Tucumán-Aufstand, den Prager Frühling bis hin zu den im allgemeineren Sinne städtischen Bewegungen von 1968 (deren entferntes Echo wir heute in Kairo und Madison vernehmen). Aber mit dieser Geschichte sind auch politische und taktische Komplikationen verbunden, die viele in der Linken dazu gebracht haben, das Potenzial und die Stärke der städtischen Bewegungen zu unterschätzen und zu verkennen und sie als etwas vom Klassenkampf getrenntes zu betrachten, das daher keine revolutionäre Option enthält. Und wenn solche Ereignisse einmal zu Ikonen werden, wie im Fall der Pariser Kommune, gelten sie als eine »der größten proletarischen Erhebungen« in der Weltgeschichte, obwohl es in ihnen ebenso sehr um die Rückforderung des Rechts auf die Stadt ging wie um die Revolutionierung der Klassenverhältnisse in der Produktion.

Der antikapitalistische Kampf zielt auf die Abschaffung des Klassenverhältnisses zwischen Kapital und Arbeiter_innen in der Produktion, das dem Kapital die Erzeugung und Aneignung von Mehrwert ermöglicht. Letztlich geht es in diesem Kampf einfach um die Abschaffung dieses Klassenverhältnisses. Selbst und gerade wenn dieser Kampf aus der Perspektive der Hautfarbe, der Ethnie oder des Geschlechts betrachtet werden muss, wie es immer der Fall ist, muss er schließlich ins Innerste dessen vordringen, was das kapitalistische System ausmacht, und das Krebsgeschwür des Klassenverhältnisses in seinem eigentlichen Zentrum herausreißen.

Es wäre eine wahrheitsgemäße Karikatur, wenn wir behaupten würden, die marxistische Linke habe lange Zeit die Industriearbeiter der Welt als die Avantgarde privilegiert, die den Klassenkampf anführt, um über die Diktatur des Proletariats zu einer Gesellschaft zu gelangen, in der Staat und Klassen allmählich absterben. Eine ebenso wahrheitsgemäße Karikatur ist die Feststellung, dass sich die Dinge nie so entwickelt haben. Marx behauptete, dass die Klassenherrschaft und das Klassenverhältnis durch die assoziierten Arbeiter ersetzt werden müssen, die ihren eigenen Produktionsprozess kontrollieren und gestalten. Darauf geht eine lange Geschichte von politischen Projekten der Arbeiterkontrolle, der Autogestion, von Kooperativen und ähnlichem zurück.[39] Trotz der guten Absichten und großen Opfer, mit denen sie angesichts heftiger Anfeindungen und offener Repression in Gang gehalten wurden, konnten die meisten dieser Versuche sich langfristig nicht halten.[40] Der Hauptgrund für den

---

[39] Immanuel Ness/Dario Azzellini (Hrsg.), Ours to Master and to Own. Workers Councils from the Commune to the Present, Chicago: Haymarket Books, 2011 (die deutsche Ausgabe ist für Frühjahr 2012 angekündigt: »Die endlich entdeckte politische Form«. Fabrikräte und Selbstverwaltung von der russischen Revolution bis heute, Köln/Karlsruhe: Neuer ISP Verlag).

[40] Die vielleicht bedeutendste Ausnahme ist die Kooperativengruppe Mondragón. Das Projekt wurde 1956 während des Faschismus im Baskenland als Arbeiterkooperative gegründet und besteht heute aus etwa 200 Unternehmen in ganz Spanien und einigen europäischen Ländern. In den meisten Unternehmen waren die Lohnunterschiede bis vor kurzem auf das Verhältnis 3 zu 1 begrenzt (während sie in den meisten Firmen in den USA bei 400 zu 1 liegen). Mondragón konnte zum Teil auch deshalb

Misserfolg dieser Initiativen ist recht banal. Wie Marx im zweiten Band des *Kapitals* zeigt, umfasst die Zirkulation des Kapitals die drei verschiedenen Kreislaufprozesse des Geldkapitals, des produktiven Kapitals und des Warenkapitals. Keiner dieser Kreisläufe kann ohne den anderen existieren oder funktionieren: Sie sind miteinander verzahnt und bestimmen sich wechselseitig. Daher kann auch keiner dieser Kreislaufprozesse verändert werden, ohne auch die übrigen zu verändern. Trotz all der hoffnungsvollen Rhetorik von Autonomie und Autogestion kann die Arbeiterkontrolle in relativ isolierten Produktionseinheiten kaum überleben, weil ihr ein feindliches Kreditsystem und die räuberischen Methoden des Handelskapitals gegenüberstehen. Insbesondere die Macht des Handelskapitals – das Wal-Mart-Phänomen – hat in den letzten Jahren stark zugenommen (ein weiteres Untersuchungsfeld, das in der marxistischen Theorie oft übersehen wird).

Angesichts dieser Schwierigkeiten kam ein großer Teil der Linken zu dem Schluss, dass nur der Kampf um die proletarische Übernahme des Staatsapparats zum Kommunismus führen könne. Der Staat würde dann die drei Kapitalkreisläufe kontrollieren und die Institutionen, Mächte und Klassenvertreter zähmen, die durch ihre Verwaltung dieser Kreisläufe zur Aufrechterhaltung des Klassenverhältnisses in der Produktion beigetragen hatten. Das Problem bestand aber schon immer darin, dass der Staat seinen eigenen Lebenssaft aus eben jenen Zirkulationsströmen bezieht, die er angeblich kontrollieren soll. Das gilt für einen sozialistischen Staat genauso wie für einen kapitalistischen. Eine zentralisierte Verwaltung von oben nach unten kann nur funktionieren, wenn diese Ströme in einem gewissen Maße liberalisiert werden (wie es in China so meisterlich vorgeführt wurde). Aber sobald diese Ströme liberalisiert sind, ist die Hölle los, weil der kapitalistische Geist aus der Flasche gelassen wurde.

---

überleben, weil sie sich nicht auf die Produktion beschränkte. Sie entwickelte eigene Kreditstrukturen und betreibt Supermärkte. Ihre Strategie war es, in allen drei Kapitalkreisläufen aktiv zu sein. Siehe George Cheney, Values at Work: Employee Participation Meets Market Pressures at Mondragón, Ithaca: ILR Press, 1999.

Das Problem mit der Arbeiterkontrolle liegt darin, dass im Zentrum des Kampfes die Fabrik als privilegierter Ort der Mehrwertproduktion stand und der Industriearbeiterklasse eine privilegierte Rolle als Avantgarde des Proletariats, als revolutionäre Hauptkraft zugeschrieben wurde. Aber die Pariser Kommune wurde nicht von Fabrikarbeitern gemacht. Daher wird von dissidenten Stimmen behauptet, es habe sich bei diesem Ereignis nicht um einen proletarischen Aufstand oder eine Klassenbewegung gehandelt, sondern um eine städtische soziale Bewegung, die das Recht auf die Stadt zurückforderte, aber nicht nach einem revolutionären Weg zum Aufbau einer antikapitalistischen Alternative suchte.[41] Aber warum sollte es nicht beides gewesen sein? Die Verstädterung ist selbst etwas Produziertes. Tausende von Arbeitern sind an der Produktion der Stadt beteiligt und ihre Arbeit schafft Wert und Mehrwert. Warum betrachten wir nicht die Stadt als den Ort der Mehrwertproduktion statt die Fabrik? Wir könnten die Pariser Kommune dann im Verhältnis zu dem Proletariat begreifen, das die Stadt produziert hat und nun sein Recht auf das von ihm Produzierte zurückfordert und die Kontrolle darüber haben will. Das wäre – und war im Fall der Pariser Kommune – ein deutlich anderes Proletariat als das, was üblicherweise von den Marxisten bevorzugt wird. Aber in den Teilen der Welt, die als fortgeschrittener Kapitalismus bezeichnet werden, ist das Fabrikproletariat heute drastisch verringert worden. Wir haben also die Wahl: Sollen wir bejammern, dass die Möglichkeit der Revolution vorüber ist, oder unseren Begriff des Proletariats so verändern, dass er die Horden unorganisierter Produzenten der Verstädterung umfasst, und deren besondere revolutionäre Kapazitäten und Stärken erkunden?

Wer sind also diese Arbeiter_innen, die die Stadt produzieren? Die Erbauer der Stadt, insbesondere die Bauarbeiter, kommen als erste in Frage, auch wenn sie weder die einzige noch die größte

[41] Manuel Castells, The City and the Grassroots, Berkeley: University of California Press, 1983; Roger Gould, Insurgent Identities: Class Community and Protest in Paris from 1848 to the Commune, Chicago: University of Chicago Press, 1995. Meine Widerlegung dieser Argumentation findet sich in David Harvey, Paris, Capital of Modernity, New York: Routledge, 2003.

der daran beteiligten Arbeitergruppen darstellen. Als politische Kraft haben die Bauarbeiter in der Vergangenheit in den USA und vermutlich auch andernorts nur allzu oft die gigantischen Großprojekte des kapitalistischen Städtebaus unterstützt, von denen ihre Jobs abhingen. So müssen sie aber nicht sein. In der Pariser Kommune spielten die Maurer und Bauhandwerker eine wichtige Rolle. Die »Green Ban«-Kampagne der australischen Bauarbeitergewerkschaft in New South Wales zu Anfang der 1970er Jahre stoppte die Arbeit auf Baustellen, die sie für ökologisch schädlich hielt und war oft sehr erfolgreich. Die Bewegung wurde schließlich von der geballten Staatsmacht und ihrer eigenen maoistischen Gewerkschaftsführung zerstört, die ökologische Fragen für einen Ausdruck verweichlichter bürgerlicher Sentimentalitäten hielt.[42]

Aber es bestehen nahtlose Verbindungen zwischen denen, die das Eisenerz schürfen, aus dem der Stahl gemacht wird, mit dem die Brücken gebaut werden, über die mit Waren beladene LKWs zur deren Bestimmungsorten – Fabriken oder Endverbrauchern – fahren. Alle diese Tätigkeiten einschließlich der Bewegung im Raum produzieren Marx zufolge Wert und Mehrwert. Und wenn, wie Marx ebenfalls sagt, auch die Wartung, die Reparatur und der Teileaustausch (die in der Praxis oft schwer zu unterscheiden sind) zu diesem wertproduzierenden Strom von Aktivitäten gehören, dann trägt auch die riesige Armee der Arbeiter_innen, die in unseren Städten daran beteiligt ist, zu der wert- und mehrwertproduzierenden Produktion der Infrastruktur bei, die unsere Städte zu dem machen, was sie sind. Wenn die Verteilung der Waren vom Ort ihrer Entstehung zu ihren Bestimmungsorten Wert produziert, dann tun dies auch die Arbeiter, die in der Nahrungsmittelkette beschäftigt sind, die ländliche Produzenten und städtische Konsumenten miteinander verbindet. Als organisierte Kraft hätten diese Arbeiter_innen die Macht, den Stoffwechsel der Stadt zu ersticken. Streiks von Transportarbeitern,

---

[42] John Tully, »Green Bans and the BLF: the Labour Movement and Urban Ecology«, International Viewpoint Online, 357, 2004, auf www.internationalviewpoint.org.

wie es sie in den letzten zwanzig Jahren in Frankreich gab und nun in Shanghai, sind eine äußerst wirksame politische Waffe (die in negativer Weise beim Militärputsch in Chile 1973 eingesetzt wurde). Die Gewerkschaft der Busfahrer in Los Angeles und die Organisation der Taxifahrer in New York und LA sind andere Beispiele.[43]

Nicht nur die Ströme von Nahrungsmitteln und anderen Konsumgütern, sondern auch die der Energie, des Wassers und anderer lebensnotwendiger Dinge sind zu beachten und extrem anfällig gegenüber Störungen. Auch wenn einige Tätigkeiten in der Produktion und Reproduktion des städtischen Lebens im marxistischen Kanon als »unproduktiv« »vernachlässigt« (ein unseliges Wort) werden können, so sind sie trotzdem gesellschaftlich notwendig, ein Teil der »faux frais«, der falschen Kosten, der Reproduktion des Klassenverhältnisses. Ein großer Teil dieser Arbeiten war schon immer befristet, ungesichert, prekär und beruhte auf Wanderarbeit. Für diese Arbeitskräfte, von denen die Stadt produziert und am Leben gehalten wird, sind neue Formen der Organisierung absolut notwendig. Der jüngst gegründete Excluded Workers Congress in den USA ist ein Beispiel für neu entstehende Organisationsformen – ein Bündnis von Arbeiter_innen, die von befristeten und ungesicherten Beschäftigungsverhältnissen betroffen und oft wie im Fall der Hausangestellten räumlich über das ganze städtische System verstreut sind.[44]

In diesem Sinne müsste auch die politische Geschichte der üblichen Arbeiterkämpfe umgeschrieben werden. Bei genauerer Untersuchung zeigt sich, dass die meisten Kämpfe, die angeblich nur von Fabrikarbeitern ausgingen, eine sehr viel breitere Basis hatten. Zum Beispiel beklagt sich Margaret Kohn darüber, wie

---

[43] Michael Wines, »Shanghai Truckers' Protest Ebbs with Concessions Won on Fees«, New York Times, 23. April 2011; Jacqueline Levitt/Gary Blasi, »The Los Angeles Taxi Workers Alliance«, in: Ruth Milkman/Joshua Bloom/Victor Narro (Hrsg.), Working for Justice: the L.A. Model of Organizing and Advocacy, Ithaca: ILR Press, 2010, S. 109-124.

[44] Excluded Workers Congress, Unity for Dignity: Excluded Workers Report, December 2010, c/o Inter-Alliance Dialogue, New York, auf www.excludedworkers.org.

linke Historiker der Arbeiterbewegung die Fabrikräte in Turin zu Beginn des 20. Jahrhunderts glorifizieren, aber völlig ignorieren, welche Bedeutung die »Volkshäuser« in den Stadtteilen für die politische Entwicklung hatten und dass von ihnen ein großer Teil der logistischen Unterstützung ausging.[45] E.P. Thompson beschreibt, wie die Herausbildung der englischen Arbeiterklasse ebenso sehr in den Kirchen und Wohngebieten wie an den Arbeitsplätzen stattfand. Wie erfolgreich wäre der Sit-Down-Streik in Flint 1937 gewesen, wenn ihn die Masse der Arbeitslosen und die Stadtteilgruppen vor den Fabriktoren nicht unermüdlich moralisch und materiell unterstützt hätten? Und ist es nicht interessant, dass in den Streiks der britischen Bergarbeiter in den 1970er und 1980er Jahren die Bergarbeiter in zersiedelten Gegenden wie Nottingham als erste nachgaben, während die eng verbundenen Gemeinden in Northumbria bis zum Schluss solidarisch blieben? Für die Durchführung von Arbeitskämpfen war die Organisierung in den Stadtteilen genauso wichtig wie die am Arbeitsplatz. Und in dem Maße, wie die herkömmlichen Arbeitsplätze in großen Teilen der so genannten entwickelten kapitalistischen Welt verschwinden (im Unterschied zu China oder Bangladesh), scheint die stadtteilbezogene Organisierung der Arbeiter_innen um so wichtiger zu werden.

Sobald wir den Blick auf die sozialen Milieus richten, in denen die Kämpfe entstehen, verändert sich in allen diesen Fällen der Eindruck von dem, was das Proletariat sein könnte und worin seine Erwartungen und Ziele bestehen könnten. Wenn wir die Verhältnisse außerhalb der Fabrik genauer berücksichtigen, kommen wir zu einem völlig anderen Bild von der geschlechtlichen Zusammensetzung der oppositionellen Politik. Die soziale Dynamik an den Arbeitsplätzen entspricht nicht der an den Wohnorten. Diese Orte sind in ihrer sozialen Struktur stärker von den Trennungen nach Geschlecht, Hautfarbe oder Religion geprägt, während Fragen der sozialen Reproduktion eine wichtigere oder sogar bestimmende Rolle für die Herausbildung von politischer

[45] Margaret Kohn, Radical Space: Building the House of the People, Ithaca: Cornell University Press, 2003.

Subjektivität und politischem Bewusstsein spielen. Aus dieser Perspektive ergibt sich ein völlig anderes Bild von der Dynamik des Klassenkampfes und dem Charakter der politischen Forderungen. Aber wenn wir dann zurückschauen und sie überdenken, sehen wir, dass sie sich deutlich von den Beschreibungen der marxistischen Wunschvorstellungen unterscheiden.

Daher fordern Fletcher/Gapasin die Arbeiterbewegung dazu auf, sich stärker auf geografische Formen der Organisierung zu konzentrieren. Ergänzend zu der branchenförmigen Organisierung sollte die Bewegung den Einfluss von zentralen Arbeiterräten in den Städten stärken:

»Sofern sich die Arbeiterbewegung auf Klassenfragen beziehen will, sollte sie sich nicht als getrennt von den Wohnvierteln betrachten. Der Ausdruck *Arbeiter*bewegung sollte sich auf Organisationsformen beziehen, die in der Arbeiterklasse ihre Wurzeln haben und deren Forderungen sich ausdrücklich auf die Anliegen der Arbeiter als Klasse beziehen. In diesem Sinn ist eine Stadtteilorganisation, die (wie die Workers' Centres) in der Arbeiterklasse verwurzelt ist und klassenspezifische Probleme thematisiert, genauso sehr eine Arbeiterorganisation wie es eine Gewerkschaft ist. Um diesen Gedanken noch etwas weiterzutreiben: Wenn eine Gewerkschaft nur die Interessen einer bestimmten Arbeiterschicht vertritt (wie es eine weiße rassistische Berufsgewerkschaft tut), verdient sie die Bezeichnung *Arbeiterorganisation* in viel geringerem Maße als eine stadtteilbezogene Organisation, die Arbeitslose oder Obdachlose unterstützt.«[46]

Sie schlagen daher einen neuen Ansatz für die Arbeiterorganisierung vor, der »die Art, in der Gewerkschaften heute Bündnisse bilden und politisch aktiv werden, grundlegend in Frage stellt. Seine grundlegende Prämisse besteht darin: *Wenn sich der Klassenkampf nicht auf den Arbeitsplatz beschränkt, dann sollten sich auch die Gewerkschaften nicht auf den Arbeitsplatz beschränken.* Die strategische Konsequenz daraus ist, dass die Ge-

---

[46] Bill Fletcher/Fernando Gapasin, Solidarity Divided; The Crisis in Organized Labor and a New Path Toward Social Justice, Berkeley: University of California Press, 2008, S. 174.

werkschaften die Städte organisieren müssen, nicht einfach nur die Arbeitsplätze (oder Branchen). Und die Städte können nur organisiert werden, wenn die Gewerkschaften mit Verbündeten in den großstädtischen Wohnvierteln zusammenarbeiten.«[47]

Daran schließen sie die Frage an: »Wie organisiert man eine Stadt?« Dies scheint mir eine der Schlüsselfragen zu sein, auf die die Linke eine Antwort finden muss, wenn sie den antikapitalistischen Kampf in den kommenden Jahren wiederbeleben will. Und diese Kämpfe haben tatsächlich ihre eigene bemerkenswerte Geschichte. Die Anregungen, die das »Rote Bologna« in den 1970er Jahren vermittelte, sind ein typisches Beispiel. Und es ist eine merkwürdige Ironie der Geschichte, dass sich die Kommunistische Partei in Frankreich seit den 1960er Jahren bis heute sehr viel stärker in den Gemeindeverwaltungen profilieren konnte (zumal sie auf dieser Ebene keinen dogmatischen theoretischen Anweisungen aus Moskau unterworfen war) als auf anderen politischen Gebieten. Die Anfang der 1980er Jahre geführten Kämpfe der Gemeindeverwaltungen in England gegen den Thatcherismus waren keine reinen Rückzugsgefechte, sondern wie im Fall des Greater London Councils durchaus innovativ – bis Thatcher diese ganze politische Ebene beseitigte.[48] Selbst in den USA gab es in Milwaukee jahrelang eine sozialistische Stadtverwaltung, und es lohnt sich daran zu erinnern, dass der einzige Sozialist, der jemals in den Senat der USA gewählt wurde, seine Karriere als Bürgermeister von Burlington in Vermont begonnen und dort das Vertrauen der Menschen gewonnen hatte.

Wenn die Pariser Produzenten in der Kommune ihr Recht auf die Stadt zurückforderten, die sie produziert hatten, was könnte dann für uns eine Parole wie »Recht auf Stadt« als ein »Schrei und eine Forderung« (wie Lefebvre es nannte) bedeuten? Könnte sie zur zentralen Parole werden, unter der sich politische Kräfte zum antikapitalistischen Kampf zusammenschließen? Die Parole ist natürlich ein leerer Signifikant, der alle möglichen systemim-

[47] Ebd.

[48] Max Jäggi u.a., Das Rote Bologna. Kommunisten demokratisieren eine Stadt im kapitalistischen Westen, Zürich: Verlagsgenossenschaft 1976.

manenten und keineswegs transzendierenden Möglichkeiten offenlässt. Damit ist sie nicht unbedeutend oder politisch kraftlos. Es kommt darauf an, wer diesen Signifikanten mit einem revolutionären Inhalt füllt, der den reformistischen und immanenten Bedeutungen entgegensteht. Darum muss gestritten werden, und wie Marx sagt, »zwischen gleichen Rechten entscheidet die Gewalt«.[49]

Es fällt in der Tat oft schwer, auf dem Gebiet der Stadt zwischen reformistischen und revolutionären Initiativen zu unterscheiden. Oberflächlich erscheinen der Bürgerhaushalt von Porto Alegre, ökologische Programme in Curitiba oder die living-wage-Kampagnen in vielen Städten der USA nur reformistisch (und zudem ziemlich marginal) zu sein. Die Initiative in Chongqing erinnert trotz der maoistischen Rhetorik mehr an die Umverteilungspolitik der skandinavischen Sozialdemokratie als an eine revolutionäre Bewegung. Aber wenn sich ihr Einfluss ausweitet, können solche Initiativen den Raum für radikalere Vorstellungen und Aktionen in den Großstädten öffnen. Die Verbreitung der Parole »Recht auf Stadt« (von Zagreb über Hamburg bis nach Los Angeles) scheint zum Beispiel ein Anzeichen dafür zu sein, dass es möglicherweise doch um etwas Revolutionäres geht.[50] Das Ausmaß dieser Möglichkeit lässt sich an den verzweifelten Versuchen der existierenden politischen Mächte (z.B. den NGOs und internationalen Institutionen einschließlich der Weltbank, die sich beim Rio World Urban Forum 2010 versammelten) ablesen, sich dieser Sprache für ihre eigenen Zwecke zu bedienen.

Es gibt keinen Grund, sich über ihre Kooptierungsversuche zu beklagen. Die Linke sollte es als Anerkennung und als Aus-

---

[49] Henri Lefebvre, Writings on Cities, übersetzt und herausgegeben von Elenore Kofman und Elizabeth Lebas, Oxford: Blackwell, 1996 (der Sammelband enthält u.a. die Übersetzung des Buchs Henri Lefebvre, Le droit à la ville: suivi de Espace et politique, Paris: Ed. Anthropos 1968, das bisher nicht ins Deutsche übersetzt wurde); Marx, Das Kapital. Kritik der politischen Ökonomie, Erster Band, a.a.O., S. 249.

[50] Ana Sugranyes/Charlotte Mathivet (Hrsg.), Cities for All: Proposals and Experiences Towards the Right to the City, Santiago: Habitat International Coalition, 2010.

einandersetzung um unsere eigene immanente Deutung dieser Parole betrachten, die einfach darin besteht, dass alle, deren Arbeit an der Produktion und Reproduktion der Stadt beteiligt ist, das kollektive Recht nicht nur auf das von ihnen Produzierte haben, sondern auch auf die Entscheidung darüber, was wo und wie produziert werden soll. Es müssen demokratische Instrumente geschaffen werden (andere als die der existierenden Demokratie der Geldmacht), mit denen über eine Wiederbelebung des städtischen Lebens jenseits der vorherrschenden Klassenverhältnisse entschieden werden kann, die mehr »unseren« Wünschen entspricht (den Produzent_innen der Verstädterung und des städtischen Lebens).

Hier taucht sofort die Frage auf, warum wir uns auf die Stadt konzentrieren sollten, wenn doch vielfältige ländliche, bäuerliche und indigene Bewegung aktiv sind, die auch ihre eigenen besonderen Rechte einfordern? Hat nicht die Stadt als materieller Gegenstand ohnehin ihre Bedeutung als ein Ziel des Kampfes verloren? Diese Einwände haben sicherlich einen wahren Kern. Die Verstädterung hat ein hochdifferenziertes Mosaik aus Gemeinschaften und interaktiven Räumen geschaffen, die sich nur schwer im Rahmen irgendeines kohärenten politischen Projekts zusammenbringen lassen. Zwischen den Räumen, die die Stadt ausmachen, gibt es jede Menge von Rivalitäten und Konflikten. Ich vermute, aus diesem Grund hat sich Lefebvre von der Frage der städtischen Revolution abgewandt und die Untersuchung der Produktion des Raums im weiteren Sinne aufgenommen, oder wie ich es sagen würde: der Produktion der ungleichen geografischen Entwicklung als einer Kernfrage der theoretischen Analyse und des politischen Kampfes.

In der einfältigen Vorstellung von buchstabentreuen Akademikern haben solche Einwände manchmal zu dem Schluss geführt, dass die Stadt verschwunden und daher die Forderung nach dem Recht auf die Stadt die Jagd nach einer Chimäre sei. Aber politische Kämpfe werden ebenso sehr von Visionen wie von den praktischen Umständen angespornt. Und der Begriff »Stadt« hat als Ikone und Symbol seine eigene Geschichte, die in der Suche nach politischer Bedeutung tief verankert ist. Die Stadt Gottes, die Stadt auf einem Hügel, die Stadt als Objekt utopischer Sehnsüchte, die Beziehung zwischen Stadt und Staatsbürgerschaft *(city* und *citizenship)*, einer unverwechselbaren Zugehörigkeit in einer sich ständig verändernden raumzeitlichen Ordnung – all das gibt ihr eine politische Bedeutung, die eine politische Vorstellungswelt hervorruft. Eine Parole wie »das Recht darauf, Raum zu produzieren« oder »das Recht auf ungleiche geografische Entwicklung« könnte das nicht transportieren!

Das Recht auf die Stadt ist kein exklusives, sondern ein eindeutig kollektives Recht.[51] Es schließt nicht nur die Bauarbeiter ein, sondern alle, die zur Reproduktion des täglichen Lebens beitragen: die Pflegekräfte und Lehrerinnen, die Instandsetzungsarbeiter in den Abwässerkanälen und U-Bahnen, die Installateure und Elektriker, die Krankenhausarbeiterinnen, die LKW-, Bus- und Taxifahrer, die Arbeiterinnen in den Restaurants und die Entertainer, die Bankangestellten und Beschäftigten bei der Stadtverwaltung. Das Recht auf die Stadt sucht nach der Einheit in einer unglaublichen Verschiedenartigkeit der zersplitterten sozialen Räume. Und alle möglichen Formen der Organisierung sind denkbar – Arbeiterzentren und regionale Arbeiterversammlungen (wie die in Toronto), Bündnisorganisationen (wie das Recht-auf-Stadt-Bündnis und der Excluded Workers Congress oder andere Formen der Organisierung von prekären Arbeiter_innen) –, die alle dieses Ziel auf ihrem politischen Radar haben. Das ist die proletarische Kraft, die organisiert werden muss, wenn die Welt verändert werden soll. Auf diese Weise und an diesen Orten müssen wir beginnen, wenn wir die ganze Stadt organisieren wollen. Die städtischen Produzent_innen müssen sich erheben und ihr Recht auf die Stadt, die sie kollektiv produzieren, zurückfordern. Die Transformation des städtischen Lebens und vor allem die Abschaffung des Klassenverhältnisses in der Produktion der Verstädterung muss ein, wenn nicht der Weg zum antikapitalistischen Übergang sein. Dies muss die Linke ins Zentrum ihrer politischen Strategie für die nächsten Jahre stellen.

[51] Lefebvre, Writings on Cities, a.a.O.

# Den antikapitalistischen Übergang organisieren

Die historische Geografie der kapitalistischen Entwicklung befindet sich an einem entscheidenden Wendepunkt. Die geografischen Machtkonstellationen verschieben sich rasant, während das Kapital in seiner zeitlichen Dynamik auf gravierende Schranken stößt.

Ohne den Rückgriff auf alle möglichen Formen der fiktiven Kapitalanlage (wie sie kennzeichnend für Vermögensmärkte und Finanzoperationen in den letzten zwei Jahrzehnten waren) wird es immer schwieriger, auch nur drei Prozent Wirtschaftswachstum zu erreichen, was im Allgemeinen als die niedrigste Wachstumsrate angesehen wird, mit der eine kapitalistische Ökonomie noch funktionieren kann.

Aus guten Gründen können wir davon ausgehen, dass es keine Alternative zu einer neuen »Global Governance« gibt, die letztendlich den Übergang zu einer Wirtschaft des Nullwachstums bewerkstelligen muss. Wenn dies auf eine gerechte Weise geschehen soll, dann besteht keine Alternative zum Sozialismus oder Kommunismus. Seit Ende der 1990er Jahre wurde das Weltsozialforum zum zentralen Ort, von dem die Idee »Eine andere Welt ist möglich« ausging. Nun muss es sich der Aufgabe stellen, genauer zu bestimmen, wie ein anderer Sozialismus oder Kommunismus möglich ist und wie der Übergang zu diesen Alternativen bewerkstelligt werden kann.

Die gegenwärtige Krise bietet uns die Chance, diese Perspektive auszuloten.

## Die lange Spur der Krise

Der Ursprung der aktuellen Krise liegt in den Maßnahmen, die zur Überwindung der Krise in den 1970er Jahren ergriffen wurden. Dazu gehörte unter anderem:

a) Der erfolgreiche Angriff auf die organisierte Arbeiterbewegung und ihre politischen Institutionen, während zugleich weltweit überschüssige Arbeitskraft mobilisiert, arbeitssparende neue Technologien eingeführt und die Konkurrenz verschärft wurden. Das Ergebnis war die weltweite Absenkung der Löhne (fast überall sinkt der Anteil der Löhne am Bruttoinlandsprodukt) und die Schaffung einer noch größeren industriellen Reservearmee, die am Rande des Existenzminimums lebt.

b) Die früheren Strukturen monopolistischer Macht wurden untergraben und die Phase des (nationalstaatlichen) Monopolkapitalismus endete mit der Öffnung des Kapitalismus gegenüber einer extrem verschärften internationalen Konkurrenz. Diese Ausweitung der Konkurrenz schmälerte die Profite der nichtfinanziellen Unternehmen. Ungleichmäßige geografische Entwicklungen und die Konkurrenz zwischen verschiedenen Regionen wurden zu zentralen Merkmalen der kapitalistischen Entwicklung und schufen die Voraussetzungen für eine allmähliche Verschiebung der hegemonialen Macht – insbesondere, aber nicht nur, in Richtung Ostasien.

c) Durch den Einsatz und die zunehmende Macht der flüssigsten und mobilsten Form des Kapitals – Geldkapital – wurden Kapitalmittel auf globaler Ebene neu verteilt (im Endeffekt durch elektronische Märkte), was zur Deindustrialisierung in traditionellen Kernländern führte, während die so genannten Schwellenländer neuen Formen einer (extrem repressiven) Industrialisierung und Ausbeutung ihrer natürlichen und landwirtschaftlichen Ressourcen unterworfen wurden. In Verbindung damit sollten die Profitabilität der Finanzunternehmen gesteigert und Risiken durch die Schaffung von Märkten für fiktives Kapital auf neue Weise globalisiert und angeblich minimiert werden.

d) Am anderen Ende der sozialen Skala bedeutete dies einen verschärften Rückgriff auf »Akkumulation durch Enteignung«, um die Klassenmacht der Kapitalisten zu steigern. Neben neuen Schüben von ursprünglicher Akkumulation, die sich gegen indigene und bäuerliche Bevölkerungen richten, waren die unteren Klassen in den Metropolen von Vermögensverlusten betroffen (wie wir sie am Subprime-Häusermarkt in den USA erlebten, der vor allem der afroamerikanischen Bevölkerung enorme Verluste bescherte).

e) Mit einer forcierten Ökonomie der Verschuldung (von Staaten, Unternehmen und Haushalten) wurde die ansonsten rückläufige effektive Nachfrage an ihre Grenzen getrieben (insbesondere in den USA und in England, aber auch in vielen anderen Ländern von Lettland bis Dubai).

f) Die nachlassenden Profitraten der Industrie wurden durch die Bildung einer ganzen Reihe von Blasen an den Finanzmärkten ausgeglichen, bei denen es sich durchweg um Pyramiden- oder Ponzi-Systeme handelte – zugespitzt in der Immobilienblase, die in den Jahren 2007 und 2008 platzte. Diese Geldmarktblasen gingen vom Finanzkapital aus und wurden durch umfassende finanztechnische Innovationen wie Derivate und besicherte Schuldverschreibungen (CDO) möglich gemacht.

Die politischen Kräfte, die sich zur Durchsetzung dieser Veränderungen zusammengeschlossen hatten, wiesen einen eindeutigen Klassencharakter auf und kleideten sich in das Kostüm einer ebenso unverkennbaren Ideologie – den Neoliberalismus. Diese Ideologie beruhte auf der Vorstellung, dass freie Märkte, freier Handel, persönliche Initiative und Unternehmertum die besten Garanten der individuellen Freiheit seien und dass der »Nanny-Staat« zum Wohle aller abgebaut werden müsse. Die Praxis sah allerdings so aus, dass der Staat die Stabilität der Finanzinstitutionen zu gewährleisten hatte, wodurch er dem Finanzsystem ein in höchster Weise trügerisches Vertrauen (»moral hazard«) verschaffte (angefangen mit der Schuldenkrise Mexikos und anderer Entwicklungsländer im Jahr 1982). Zunehmend konzentrierte sich der Staat (auf lokaler wie nationaler Ebene) darauf, ein »günstiges Geschäftsklima« zu schaffen, um in einem Umfeld verschärfter Konkurrenz Investitionen anzulocken. Die Interessen der Menschen waren zweitrangig gegenüber denen des Kapitals, und im Zweifel mussten erstere geopfert werden (wie es seit Anfang der 1980er Jahre zum üblichen Vorgehen des IWF im Rahmen seiner Strukturanpassungsprogramme wurde). Das so geschaffene System läuft faktisch auf eine Art Kommunismus für die kapitalistische Klasse hinaus.

Die Bedingungen unterschieden sich natürlich stark in Abhängigkeit davon, in welchem Teil der Welt man lebte, welche Klassenverhältnisse vorherrschten, welche politischen und kulturellen Traditionen vorhanden waren und wie sich das politische und ökonomische Kräfteverhältnis veränderte.

## Wendepunkt in der Geschichte des Kapitalismus?

Wie kann die Linke mit der Dynamik der aktuellen Krise umgehen? In Zeiten der Krise liegt die Irrationalität des Kapitalismus für alle offen zutage. Überflüssiges Kapital und überflüssige Arbeitskraft stehen sich ohne irgendeine erkennbare Möglichkeit, sie wieder zusammenzubringen, gegenüber – trotz unendlichem menschlichen Leid und ungestillter Bedürfnisse. Im Hochsommer 2009 lag ein Drittel der Kapitalanlagen in den USA brach, während 17% der Arbeitsbevölkerung entweder arbeitslos, unfreiwillige Teilzeitkräfte oder »entmutigte« ArbeiterInnen waren. Was könnte irrationaler sein!

Der Kapitalismus kann das gegenwärtige Trauma durchaus überleben. Die Frage ist nur: zu welchem Preis? Dahinter steckt eine andere Frage. Kann die Kapitalistenklasse ihre Macht angesichts einer Flut von ökonomischen, sozialen, politischen und geopolitischen sowie ökologischen Problemen aufrechterhalten? Die Antwort ist ein schallendes »Ja«. Aber die Mehrheit der Menschen wird die Früchte ihrer Arbeit an die Mächtigen abtreten müssen, sie wird auf einen Großteil ihrer Rechte und ihres mühsam erworbenen Vermögens (vom Hauseigentum bis zu Rentenansprüchen) verzichten und immense Umweltzerstörungen erdulden müssen, ganz zu schweigen von der schrittweisen Absenkung ihres Lebensstandards, wodurch viele derjenigen, die jetzt schon um ihr bloßes Überleben kämpfen, mit dem Hungertod bedroht werden. Die Ungleichheiten zwischen den Klassen werden zunehmen (was schon heute zu beobachten ist). Für all das dürfte mehr als ein wenig politische Unterdrückung, Polizeigewalt und militarisierte staatliche Kontrolle zur Erstickung von Unruhen nötig sein.

Da vieles unvorhersehbar ist und die Räume der globalen Ökonomie derart unterschiedlich sind, werden die möglichen Resultate der Krise immer ungewisser. Vor Ort können sich die unterschiedlichsten Möglichkeiten auftun – sowohl für neue Kapitalisten, die in neu erschlossenen Regionen die territoriale Hegemonie der bisherigen Klassen herausfordern (so wie seit Mitte der 1970er Jahre in den USA das Silicon Valley der alten

Hochburg Detroit den Rang abgelaufen hat), als auch für radikale Bewegungen, die den Fortbestand einer bereits destabilisierten Klassenmacht in Frage stellen. Wenn wir sagen, dass die Kapitalistenklasse und der Kapitalismus überleben können, dann bedeutet das nicht, dass dies vorherbestimmt ist oder dass ihr zukünftiger Charakter bereits feststeht. Krisen sind Zeiten von Paradoxien und Möglichkeiten.

Was wird also diesmal geschehen? Um wieder zu einem Wachstum von drei Prozent zu kommen, müssten auf globaler Ebene neue und profitable Investitionsmöglichkeiten für 1,6 Billionen US-Dollar im Jahr 2010 gefunden werden, und bis 2030 würde diese Summe auf knapp 3 Billionen anwachsen. Im Gegensatz dazu wurden 1950 neue Investitionen in Höhe von 0,15 Billionen und 1973 von 0,42 Billionen benötigt (in inflationsbereinigten Dollar). Seit 1980 wurde es schwierig, geeignete Anlagemöglichkeiten für das überschüssige Kapital zu finden – und das trotz der Öffnung Chinas und des Zusammenbruchs des Ostblocks. Zum Teil wurde das Problem durch die Schaffung von Märkten für fiktives Kapital gelöst, an denen sich die Spekulation mit Vermögenswerten ungehindert entfalten konnte. Was wird jetzt aus all diesen Investitionen?

Selbst wenn wir die unbestreitbaren ökologischen Grenzen beiseite lassen (wobei die Erderwärmung von höchster Bedeutung ist) und den unwahrscheinlichen Fall annehmen, dass sich keine massive und tatkräftige Opposition gegen die endlose Akkumulation von Kapital und die weitere Festigung der Klassenmacht herausbildet, so sind andere Entwicklungsschranken von tiefgreifender Bedeutung: die effektive Nachfrage auf den Märkten, Technologien und die geografische und geopolitische Verteilung. Wo gibt es noch Räume in der globalen Ökonomie, die das überschüssige Kapital im Rahmen neuer räumlicher fixes[1] ab-

[1] Anm. d. Ü.: Wir lassen den Begriff »fix« in dem von David Harvey eingeführten Ausdruck »spatial fix« im Original stehen, weil nur so die Doppelbedeutung von »fix« im Englischen sichtbar wird: einerseits Fixierung und Festsetzung von Kapital an bestimmten Orten (im Sinne von Marx' Kategorie des »fixen Kapitals«), andererseits ein »quick fix«, also eine immer nur vorübergehende »Lösung« der aus dem Klassenkonflikt resultierenden Verwertungsprobleme. Siehe

sorbieren könnten? China und der ehemalige Ostblock sind bereits integriert. Süd- und Südostasien sind weitgehend erschlossen. Afrika ist noch nicht vollständig integriert, aber es gibt keine andere Region, die all dieses überschüssige Kapital aufnehmen könnte. Mit welchen neuen Produkten könnte wieder Wachstum generiert werden? Möglicherweise gibt es keine langfristigen kapitalistischen Lösungen dieser Krise des Kapitalismus (außer der Rückkehr zu Manipulationen mit fiktivem Kapital). An manchen Punkten schlagen quantitative Veränderungen in qualitative um, und wir müssen uns ernsthaft mit der Idee befassen, dass wir uns an genau solch einem Wendepunkt in der Geschichte des Kapitalismus befinden könnten. Im Zentrum unserer aktuellen Debatten sollte daher stehen, den Kapitalismus selbst als vernünftiges Gesellschaftssystem in Frage zu stellen.

Aber selbst unter Linken scheint diese Diskussion auf keine große Gegenliebe zu stoßen. Stattdessen hören wir immer noch die üblichen traditionellen Mantras, dass die Menschheit ihre Vollkommenheit durch freie Märkte und Freihandel, Privateigentum und persönliche Verantwortung, niedrige Steuern und minimalistische staatliche Sozialfürsorge erreichen könne – auch wenn diese Sprüche immer hohler klingen. Eine Krise der Legitimation zeichnet sich ab. Aber das Tempo und der Rhythmus, mit dem sich Legitimationskrisen entfalten, decken sich normalerweise nicht mit denen von Börsenkrisen. So dauerte es zum Beispiel drei bis vier Jahre, bevor der Börsencrash von 1929 zu den massiven sozialen (fortschrittlichen und faschistischen) Bewegungen ab etwa 1932 führte. Die politische Sorge um den Legitimationsverfall dürfte erklären, warum die politische Macht so fieberhaft alles Mögliche ausprobiert, um einen Ausweg aus der gegenwärtigen Krise zu finden.

In den letzten drei Jahrzehnten sind jedoch Regierungsformen entstanden, die gegenüber Legitimationsproblemen scheinbar immun sind und sich erst gar nicht um Konsensbeschaffung bemühen. Die Mischung aus autoritärem Staat, finanzieller Kor-

---

die Anmerkungen zur Übersetzung in Beverly J. Silver: *Forces of Labor. Arbeiterbewegungen und Globalisierung seit 1870*, Berlin 2005, S. 13.

ruption der repräsentativen Demokratie, Überwachung, Kontrolle und Militarisierung (insbesondere durch den Krieg gegen den Terror), Medienkontrolle und Meinungsmache deutet auf eine Welt hin, in der sich Unzufriedenheit durch Desinformation, Zersplitterung jeglicher Opposition und eine künstliche Oppositionskultur von allgegenwärtigen NGOs wirksam eindämmen lässt – abgesichert durch eine Fülle von Zwangsmitteln, die im Notfall zum Einsatz kommen.

In den etablierten Medien wird der Gedanke, dass die Krise systemische Ursachen hat, kaum erwähnt (selbst wenn ein paar Mainstream-Ökonomen wie Stiglitz, Krugman oder sogar Jeffrey Sachs versuchen, historische Einsichten der Linken zu relativieren, indem sie ein oder zwei Offenbarungen einräumen). Die meisten Regierungsmaßnahmen zur Eindämmung der Krise laufen in Nordamerika und Europa darauf hinaus, wie gehabt weiterzumachen, also die Kapitalistenklasse zu unterstützen. Mit den Rettungspaketen für die Banken wird das trügerische Vertrauen, der »moral hazard«-Effekt, der unmittelbarer Auslöser der Finanzmarktpleiten war, noch weiter befördert. In der Praxis war der Neoliberalismus (im Gegensatz zu seiner utopischen Theorie) schon immer mit der unverhohlenen Unterstützung für das Finanzkapital und die kapitalistischen Eliten verbunden (normalerweise mit dem Argument, dass die Finanzinstitutionen um jeden Preis zu sichern seien und die Aufgabe der Staatsmacht darin bestehe, ein gutes Geschäftsklima mit stabilen Profiten zu schaffen). Daran hat sich nichts grundlegend geändert. Gerechtfertigt wird diese Politik mit der zweifelhaften Annahme, dass die »steigende Flut« der kapitalistischen Aktivitäten »alle Boote in die Höhe tragen«[2] werde, oder dass die Vorteile des Wirtschaftswachstums auf magische Weise »nach unten durchsickern« wür-

[2] Anm. d. Ü. Das Bild von der steigenden Flut kapitalistischer Geschäftstätigkeit, die allen Menschen zugute kommt – »a rising tide lifts all boats« – geht angeblich auf eine Rede von John F. Kennedy aus dem Jahr 1963 zurück und ist zu einem feststehenden Ausdruck geworden. In Deutschland entspräche dem das geflügelte Wort von Helmut Schmidt aus dem Jahr 1974: »Die Gewinne von heute sind die Investitionen von morgen und die Arbeitsplätze von übermorgen.«

den (was abgesehen von ein paar Krümeln vom Tisch der Reichen nie geschieht).

### Exit-Strategien des Kapitals

Wie also wird die Kapitalistenklasse aus der gegenwärtigen Krise herauskommen und wie schnell wird ihr das gelingen? Es wird gesagt, die Erholung der Aktienkurse an den weltweiten Börsen – von Shanghai und Tokio bis Frankfurt, London und New York – sei ein gutes Zeichen, obwohl die Arbeitslosigkeit nahezu überall weiter ansteigt. Aber wir müssen uns den Klassencharakter dieser Bewertung klarmachen. Wir sollen uns über die den Kapitalisten zugute kommende Erholung der Börsenkurse freuen, weil sie angeblich stets einer Erholung der »Realwirtschaft« vorausgeht, in der schließlich Arbeitsplätze geschaffen werden und die Menschen ihr Einkommen verdienen.

Längst scheint vergessen, dass die Erholung der Börse in den USA nach 2002 zu einem »Aufschwung ohne Arbeitsplätze« (jobless recovery) führte. Vor allem die angloamerikanische Öffentlichkeit scheint unter ernsthaftem Gedächtnisschwund zu leiden. Allzu gerne vergisst und vergibt sie der Kapitalistenklasse ihre Sünden und die immer wieder von ihr verursachten Katastrophen. Die kapitalistischen Medien gefallen sich darin, dieser Amnesie Vorschub zu leisten.

In China und Indien wächst die Wirtschaft noch – in China auf rasante Weise. Aber dort geschieht es auf Kosten einer enormen Ausweitung der Kreditvergabe für riskante Projekte (die chinesischen Banken hatten sich dem globalen Spekulationswahn entziehen können, führen ihn jetzt aber fort). Die Überakkumulation produktiver Kapazitäten geht weiter und langfristige Infrastrukturinvestitionen, deren Produktivität sich erst in Jahren herausstellen wird, boomen rasant (wie auch die städtischen Immobilienmärkte). Und Chinas wachsende Nachfrage reißt die Wirtschaft von Rohstoffproduzenten wie Australien oder Chile mit sich. Es ist nicht zu übersehen, dass diese Entwicklung schließlich zu einem Crash in China führen könnte, aber das wird sich vielleicht erst nach einiger Zeit herausstellen (eine Langfristversion von Dubai). Derweil verschiebt sich das

Epizentrum des globalen Kapitalismus mit zunehmender Geschwindigkeit – hauptsächlich nach Ostasien.

In den alten Finanzzentren haben die jungen Finanzhaie die Boni des letzten Jahres kassiert und mit ihren gemeinsam gegründeten Finanzboutiquen die Wall Street und die Londoner City eingekreist. Sie durchkämmen den Abfall der alten Finanzgiganten, um sich die saftigen Stückchen unter den Nagel zu reißen und wieder von vorne zu beginnen. Die verbleibenden Investmentbanken in den USA – Goldman Sachs und J.P. Morgan – sind als Bank-Holdinggesellschaften wiederauferstanden und (dank der US-Zentralbank) von Regulierungen befreit worden. Gefährliche Spekulationen mit dem Geld der Steuerzahler an den unregulierten und immer noch wachsenden Derivatenmärkten verschaffen ihnen riesige Profite (und Gelder, die sie schon mal für die Boni beiseite legen). Der massive Einsatz von Fremdkapital, der uns in die Krise geführt hat, wird in großem Stil wieder aufgelegt, als ob nichts passiert wäre. Wieder werden Finanzinnovationen ausgebrütet, mit denen sich auf neue Weise fiktives Schuldenkapital verpacken und an institutionelle Anleger (wie Pensionsfonds) verkaufen lässt, die verzweifelt nach zusätzlichen Anlagemöglichkeiten für ihre Kapitalüberschüsse suchen. Die Fiktionen (und die Boni) sind wieder da!

Konsortien kaufen zwangsvollstrecktes Eigentum auf und warten entweder auf eine Erholung des Marktes, um dann abzukassieren, oder halten hochwertige Grundstücke für zukünftige Sanierungsprojekte zurück. Die normalen Banken bunkern Geld, von dem vieles aus dem Staatssäckel stammt, im Hinblick auf die Wiederzulassung von Bonuszahlungen, die dem früheren Lebensstil entsprechen. Eine Heerschar von Unternehmern hält sich derweil im Hintergrund bereit, um im richtigen Augenblick bei der von einer Flut öffentlicher Gelder beförderten »schöpferischen Zerstörung« dabei zu sein.

Währenddessen zersetzt die nackte Geldmacht der wenigen den bloßen Anschein demokratischen Regierens. Zum Beispiel haben die Lobbyisten der Pharmaindustrie, der Krankenversicherungen und der Krankenhauskonzerne in den ersten drei Monaten 2009 über 133 Mio. US-Dollar ausgegeben, um ihre Vorstellungen zur Gesundheitsreform in den USA durchzusetzen. Max Baucus, Vorsitzender im zentralen Finanzausschuss des Senats, von dem die Gesundheitsreform ausgearbeitet wurde, erhielt 1,5 Mio. US-Dollar für einen Gesetzesentwurf, der den Versicherungsgesellschaften Unmengen neuer Kunden verschaffen wird, ohne diese in nennenswerter Weise vor rücksichtsloser Ausbeutung und Profitmacherei zu schützen (zur Freude der Wall Street). Der nächste ganz legal von der enormen Geldmacht korrumpierte Wahlkampf steht uns schon bald bevor. In den USA werden die Parteien der Lobbyistenhochburg »K Street« und der Wall Street ordnungsgemäß wiedergewählt werden, während man die arbeitende Bevölkerung dazu ermahnt, sich aus dem Schlamassel wieder herauszuarbeiten, den die herrschende Klasse angerichtet hat. Schon früher hätten wir schwere Zeiten durchmachen müssen, und jedes Mal habe Amerikas arbeitende Bevölkerung die Ärmel hochgekrempelt, den Gürtel enger geschnallt und das System vor einer mysteriösen Selbstzerstörungstendenz bewahrt, für die sich die herrschende Klasse in keiner Weise verantwortlich fühlt. Persönliche Verantwortung sollen letztlich die ArbeiterInnen übernehmen, nicht die Kapitalisten.

Wenn das ihre Exit-Strategie ist, dann dürften wir mit ziemlicher Sicherheit innerhalb der nächsten fünf Jahre in den nächsten Schlamassel geraten. Je schneller wir aus dieser Krise herauskommen und je weniger überschüssiges Kapital jetzt zerstört wird, desto geringer wird der Spielraum sein, um zu einem langfristigen robusten Wachstum zurückzukehren. Bis Mitte 2009 sind laut IWF-Angaben mindestens 55 Billionen US-Dollar an Vermögenswerten verloren gegangen, was ziemlich genau der globalen Jahresproduktion von Gütern und Dienstleistungen entspricht. Das Niveau der Gesamtproduktion befindet sich wieder auf dem Wert von 1989. Und bevor wir aus dieser Krise heraus sind, könnten über 400 Billionen US-Dollar vernichtet worden sein. Eine neue alarmierende Berechnung kommt zu dem Schluss, dass sich allein die staatlichen Vermögensgarantien der USA auf 200 Billionen belaufen. Es ist unwahrscheinlich, dass es zum Ausfall all dieser Vermögenswerte kommt, aber schon die Vorstellung, dass ein Teil davon faul wird, ist ernüchternd genug. Nur ein konkretes Beispiel: Die beiden großen Hypothekenbanken Fannie Mae und Freddie Mac, die mittlerweile vom Staat übernommen wurden, haben Hypotheken von über 5 Billionen US-Dollar in den Büchern, von denen viele ausfallen könnten (allein im Jahr 2008 mussten 150 Milliarden abgeschrieben werden). Was also sind die Alternativen?

### Sozialismus und Kommunismus

Schon lange träumen viele auf der Welt davon, sich durch die Mobilisierung der menschlichen Leidenschaften auf die gemeinsame Suche nach einem für alle besseren Leben zu begeben und damit eine Alternative zur kapitalistischen (Ir-)Rationalität zu entwerfen und auf vernünftige Weise zu verwirklichen. Zu verschiedenen Zeiten und an verschiedenen Orten sind solche Alternativen – die in der Geschichte unter dem Namen Sozialismus oder Kommunismus bekannt sind – ausprobiert worden. In den 1930er Jahren stellten diese Visionen in der einen oder anderen Form einen Hoffnungsträger dar. Aber in der letzten Zeit haben beide ihren Glanz verloren und gelten nicht mehr als wünschenswert. Den historischen Experimenten mit dem Kommunismus ist es nicht gelungen, ihre Versprechungen zu erfüllen, und kommunistische Regimes neigten dazu, ihre Fehler hinter Repression zu verbergen. Aber darüber hinaus wird auch bezweifelt, ob die menschliche Natur eine solche Alternative überhaupt möglich mache und ob sich die Menschen und ihre Institutionen hinreichend vervollkommnen ließen.

Zu beachten ist der Unterschied zwischen Sozialismus und Kommunismus. Sozialismus ist darauf ausgerichtet, den Kapitalismus so zu verwalten und zu regulieren, dass seine Auswüchse abgemildert und seine Früchte im Sinne des Allgemeinwohls umverteilt werden. Es geht darum, den Reichtum durch eine progressive Besteuerung breiter zu verteilen und Grundbedürfnisse wie Ausbildung, Gesundheitsversorgung und auch Wohnungen durch staatliche Politik zu befriedigen, statt sie den Marktkräften zu überlassen. Von den zentralen Errungenschaften des Umverteilungssozialismus in der Zeit nach 1945 sind viele – nicht nur in Europa – derart gesellschaftlich verankert, dass der neoliberale Angriff ihnen nichts anhaben konnte. Selbst in den USA sind Sozialhilfe und Medicare äußerst populäre Programme, und es gelingt den rechtsgerichteten Kräften nicht, sie abzuschaffen. Die Thatcher-Leute in England konnten nur geringfügige Änderungen der staatlichen Gesundheitsversorgung herbeiführen. In Skandinavien und den meisten westeuropäischen Ländern scheinen die Sozialleistungen einen unerschütterlichen Grundstein der sozialen Ordnung zu bilden.

Der Kommunismus versucht hingegen, den Kapitalismus durch die Schaffung einer völlig anderen Weise der Produktion und der Verteilung von Gütern und Dienstleistungen zu überwinden. In der Geschichte des real existierenden Kommunismus bedeutete gesellschaftliche Kontrolle über die Produktion, den Austausch und die Verteilung immer staatliche Kontrolle und systematische staatliche Planung. Das erwies sich zwar auf lange Sicht als erfolglos, aber interessanterweise trugen die chinesische Variante (und frühere Versuche in Ländern wie Singapur) sehr viel mehr als das reine neoliberale Modell dazu bei, kapitalistisches Wachstum zu befördern – worauf wir hier nicht näher eingehen können.

Heutige Versuche, die kommunistische Hypothese neu zu beleben, lehnen in der Regel die staatliche Kontrolle ab und suchen nach anderen Formen gesellschaftlicher Organisierung, mit denen Marktkräfte und Kapitalakkumulation als grundlegende Organisationsformen von Produktion und Verteilung überwunden werden können. Im Zentrum einer neuen Form von Kommunismus sollen horizontal vernetzte statt hierarchisch kommandierte Systeme der Koordinierung von autonom organisierten und selbstverwalteten Produzenten- und Konsumentenkollektiven stehen.

Mit Hilfe moderner Kommunikationstechnologien scheint ein solches System machbar zu sein. Überall auf der Welt wird in verschiedenster Weise und im kleinen Rahmen mit derartigen neu entwickelten ökonomischen und politischen Formen experimentiert. Dabei kommen sich marxistische und anarchistische Strömungen wieder näher, was an ihr kooperatives Verhältnis im Europa der 1860er Jahre erinnert.

Auch wenn nichts ausgemacht ist, so könnte das Jahr 2009 den Beginn eines langen Gesundschrumpfens markieren, in dessen Verlauf sich nach und nach in den verschiedensten Teilen der Welt die Frage nach umfassenden und weitreichenden Alternativen zum Kapitalismus in den Vordergrund schiebt. Je länger die Unsicherheit und das Elend andauern, desto stärker wird die Legitimität der heutigen Wirtschaftsweise in Frage gestellt und die Forderung, etwas anderes aufzubauen, drängender werden. Radikale Reformen statt Notlösungen zur Kittung des Finanzsystems könnten sich als immer notwendiger erweisen.

Zudem hat die ungleiche Entwicklung kapitalistischer Praktiken auf der ganzen Welt zur Herausbildung von antikapitalistischen Bewegungen an allen möglichen Orten geführt. Das Unbehagen, das die staatszentrierten Ökonomien in weiten Teilen Ostasiens (wie in Japan und China) hervorrufen, unterscheidet sich von den heftigen Kämpfen gegen den Neoliberalismus in vielen Ländern Lateinamerikas, wo die bolivarische Revolutionsbewegung der Volksmacht in einem eigentümlichen Verhältnis zu den kapitalistischen Klasseninteressen steht, ohne dass es schon zur ernsthaften Konfrontation gekommen wäre. Unter den Staaten der Europäischen Union herrscht trotz des zweiten Anlaufs zu einer gemeinsamen EU-Verfassung immer weniger Einigkeit darüber, mit welcher Taktik und Politik auf die Krise reagiert werden soll. Auch an den Rändern des Kapitalismus entstehen revolutionäre und entschieden antikapitalistische Bewegungen, die allerdings nicht alle einen fortschrittlichen Charakter haben. Räume wurden geöffnet, in denen sich etwas radikal Anderes in Bezug auf die herrschenden Gesellschaftsverhältnisse, Lebensweisen, Produktionsmöglichkeiten und geistigen Vorstellungen entwickeln kann. Das gilt gleichermaßen für die Taliban und die kommunistische Herrschaft in Nepal wie für die Zapatisten in Chiapas, die indigenen Bewegungen in Bolivien oder die maoistischen Bewegungen im ländlichen Indien, auch wenn ihre Ziele, Strategien und Taktiken meilenweit auseinander liegen.

Das Kernproblem besteht darin, dass insgesamt keine entschlossene und hinreichend vereinheitlichte antikapitalistische Bewegung existiert, die auf globaler Ebene die Reproduktion der kapitalistischen Klasse und das Fortbestehen ihrer Macht nennenswert in Frage stellen könnte. Es zeichnet sich auch keine Möglichkeit ab, die gut geschützten Privilegien der kapitalistischen Eliten anzugreifen oder ihre überragende, auf Geld und Militär beruhende Macht im Zaum zu halten. Ansatzweise zeigen sich zwar alternative Gesellschaftsordnungen, aber niemand weiß genau, wo oder was sie sind. Dass es keiner politischen Kraft gelingt, solch ein Programm zu formulieren oder gar auf die Tagesordnung zu setzen, sollte uns jedoch nicht davon abhalten, Alternativen zu skizzieren.

Die berühmte Frage von Lenin – »Was tun?« – kann sicherlich nicht ohne ein gewisses Gespür dafür beantwortet werden, wer es wo tun könnte. Aber eine globale antikapitalistische Bewegung wird kaum ohne eine lebendige Vision von dem, was warum getan werden soll, entstehen. Wir haben es mit einer wechselseitigen Blockierung zu tun: Das Fehlen einer alternativen Vision verhindert die Bildung einer Oppositionsbewegung, und das Ausbleiben einer solchen Bewegung macht die Formulierung der Alternative unmöglich. Wie lässt sich diese Blockierung überwinden? Aus diesem Wechselverhältnis zwischen der Vision von dem, was warum zu tun ist, und der Bildung einer politischen Bewegung an den verschiedensten Orten, die es dann tut, muss eine Spirale werden. Um tatsächlich etwas zu tun, muss jede Seite die andere verstärken. Sonst bliebe die mögliche Opposition auf ewig in einem geschlossenen Kreis gefangen, der jegliche Perspektive auf konstruktive Veränderung zunichte machen und uns schutzlos den zukünftigen, wiederkehrenden Krisen des Kapitalismus mit ihren immer tödlicheren Folgen überlassen würde.

## Eine ko-revolutionäre Theorie

Das zentrale Problem, vor dem wir stehen, liegt auf der Hand. Das Wirtschaftswachstum kann nicht ewig weitergehen und die Störungen, von denen die Welt in den letzten 30 Jahren heimgesucht wurde, verweisen auf mögliche Schranken der ununterbrochenen Kapitalakkumulation, die sich höchstens durch die – auch nicht auf Dauer mögliche – Schaffung von fiktivem Kapital überwinden ließen. Hinzu kommen die Tatsachen, dass derartig viele

Menschen auf der Welt in bitterer Armut leben, dass die Naturzerstörungen aus dem Ruder laufen, dass die Menschenwürde überall mit Füßen getreten wird, obwohl die Reichen sich immer mehr Reichtum unter den Nagel reißen (in Indien verdoppelte sich die Zahl der Milliardäre 2008 nahezu von 27 auf 52), und dass die politischen, institutionellen, gerichtlichen, militärischen und medialen Machthebel dermaßen unter einer dogmatischen politischen Kontrolle stehen, dass sie kaum etwas anderes tun können, als den Status quo aufrechtzuerhalten und aufkeimende Unzufriedenheit in Schach zu halten.

Wenn revolutionäre Politik es schaffen will, den Wahnsinn der maßlosen Kapitalakkumulation anzugehen und sie als Haupttriebfeder der menschlichen Geschichte zu beseitigen, dann muss sie sehr genau verstehen, wie es zu gesellschaftlichen Veränderungen kommt. Die Fehler der früheren Versuche, einen dauerhaften Sozialismus oder Kommunismus aufzubauen, müssen vermieden und aus ihrer enorm komplizierten Geschichte Lehren gezogen werden. Klar sein muss aber auch, dass eine einheitliche antikapitalistische und revolutionäre Bewegung absolut notwendig ist. Grundlegendes Ziel dieser Bewegung ist es, die gesellschaftliche Kontrolle über die Produktion und die Verteilung der Überschüsse zu gewinnen.

Dringend benötigt wird eine explizit revolutionäre Theorie, die auf der Höhe ihrer Zeit ist. Ich schlage eine »ko-revolutionäre Theorie« vor, die an den Überlegungen von Marx zu der Frage anknüpft, wie der Kapitalismus aus dem Feudalismus hervorgegangen ist. Gesellschaftsveränderungen entstehen aus der dialektischen Entfaltung der Beziehungen zwischen sieben Momenten, die zum politischen Körper des Kapitalismus als einem Ensemble oder einer Ansammlung von Tätigkeiten und Praktiken gehören:

a) technologische und organisatorische Formen der Produktion, des Austauschs und der Konsumtion,
b) Beziehungen zur Natur,
c) gesellschaftliche Beziehungen zwischen den Menschen,
d) geistige Vorstellungen von der Welt, einschließlich Kenntnissen und kulturellen oder religiösen Auffassungen,

e) Arbeitsprozesse und die Produktion bestimmter Güter, Geografien, Dienstleistungen oder Affekte,
f) institutionelle, rechtliche und staatliche Arrangements,
g) die alltägliche Lebensführung, auf der die gesellschaftliche Reproduktion beruht.

Jeder dieser Momente ist selbst dynamisch und beinhaltet Spannungen und Widersprüche (denken wir nur an die geistigen Vorstellungen von der Welt), aber alle sind von allen wechselseitig abhängig und entwickeln sich in Beziehung zueinander. Neue Technologien werden nicht ohne neue Vorstellungen von der Welt (einschließlich neuer Vorstellungen von den Beziehungen zur Natur und den gesellschaftlichen Verhältnissen) entwickelt und zum Einsatz gebracht. Gesellschaftstheoretiker haben die Angewohnheit, sich einen dieser Momente herauszugreifen und ihn als »Patentlösung« zu betrachten, mit der sich alle Veränderungen erklären lassen. Da gibt es technologische Deterministen (Tom Friedman), Umweltdeterministen (Jared Diamond), Alltagsdeterministen (Paul Hawkin), Arbeitsprozessdeterministen (die »Autonomisten«), Institutionalisten usw. usf. Sie liegen alle falsch. Worauf es wirklich ankommt, ist die dialektische Bewegung zwischen all diesen Momenten, auch wenn sich in ihr ungleiche Entwicklungen vollziehen.

In seinen Erneuerungsphasen durchläuft der Kapitalismus selbst genau diese kombinierte Veränderung aller Momente, offensichtlich nicht ohne Spannungen, Kämpfe und Widersprüche. Aber wenn wir uns überlegen, wie diese sieben Momente etwa 1970 vor dem Aufschwung des Neoliberalismus ausgestaltet waren und wie sie heute aussehen, dann wird sichtbar, wie sie sich alle derart umgewandelt haben, dass der Kapitalismus im Sinne einer nicht-hegelianischen Totalität seine Funktionsweise grundlegend verändert hat.

Eine antikapitalistische Bewegung kann von jedem dieser Punkte ausgehen (dem Arbeitsprozess, den geistigen Vorstellungen, den Beziehungen zur Natur, den gesellschaftlichen Verhältnissen, der Entwicklung revolutionärer Technologien und Organisationsformen, aus dem Alltagsleben oder von Versuchen, institutionelle und administrative Strukturen zu reformieren einschließlich der Neugestaltung von staatlicher Macht). Die Kunst besteht darin, die politische Bewegung abwechselnd auf die verschiedenen Momente auszurichten, sodass sie sich wechselseitig verstärken. Auf diese Weise ist der Kapitalismus aus dem Feudalismus hervorgegangen und so muss auch etwas radikal Anderes, das als Kommunismus, Sozialismus oder was auch immer bezeichnet wird, aus dem Kapitalismus hervorgehen. Frühere Versuche, eine kommunistische oder sozialistische Alternative zu schaffen, scheiterten fataler Weise daran, die Dialektik zwischen den verschiedenen Momenten in Gang zu halten und die Unvorhersehbarkeiten und Ungewissheiten in die dialektische Bewegung zwischen ihnen einzubeziehen. Der Kapitalismus hat eben deshalb überlebt, weil ihm das gelungen ist und er die unvermeidlichen Spannungen, einschließlich der aus ihnen resultierenden Krisen, auf konstruktive Weise in diese dialektische Bewegung einbinden konnte.

Veränderungen entstehen natürlich aus einem gegebenen Zustand und müssen die Möglichkeiten nutzen, die sich in einer konkreten Situation auftun. Weil diese konkrete Situation in Nepal eine völlig andere ist als an der Pazifikküste von Bolivien, in den deindustrialisierten Städten von Michigan wieder eine andere als in noch aufblühenden Städten wie Mumbai oder Shanghai oder in den erschütterten, aber in keiner Weise zerstörten Finanzzentren New York und London, können sich an verschiedenen Orten und in unterschiedlichen regionalen Dimensionen alle möglichen Experimente der Gesellschaftsveränderung entwickeln und zeigen, auf welche Weise eine andere Welt möglich werden kann (oder auch, wie es nicht geht). In jedem einzelnen Fall könnte es so aussehen, als böte der eine oder andere Aspekt der jeweiligen Situation den Schlüssel zu einer anderen politischen Zukunft. Aber für eine globale antikapitalistische Bewegung muss das oberste Gebot lauten: Verlass dich nie auf die Entwicklungsdynamik nur eines Moments, ohne sorgfältig auszutarieren, wie sich die Beziehungen zu allen anderen Momenten dem anpassen und darin widerspiegeln.

Realisierbare zukünftige Möglichkeiten entwickeln sich aus dem bestehenden Zustand der Beziehungen zwischen den verschiedenen Momenten. Strategische politische Interventionen innerhalb der Bereiche und zwischen ihnen können die Gesellschaftsordnung allmählich auf einen anderen Entwicklungspfad bringen. Vor Ort haben das kluge Anführer und vorausschauende Institutionen schon immer getan. Wir müssen also nicht denken, dass es sich dabei um eine irgendwie fantastische oder utopische Vorgehensweise handelt. Die Linke muss versuchen, Bündnisse zwischen denjenigen zu bilden, die in den verschiedenen Bereichen arbeiten. Eine antikapitalistische Bewegung muss sehr viel breiter sein als Gruppen, die gesellschaftliche Verhältnisse oder Fragen des Alltagslebens als solchem zum Ansatzpunkt ihrer Mobilisierungen machen. Traditionelle Feindseligkeiten zum Beispiel zwischen denjenigen, die über technisches, wissenschaftliches und administratives Fachwissen verfügen, und denjenigen, die soziale Bewegungen von der Basis lostreten, müssen angesprochen und überwunden werden. Die Bewegung gegen den Klimawandel ist ein ausgezeichnetes Beispiel dafür, wie solche Allianzen entstehen und funktionieren können.

In diesem Fall war die Beziehung zur Natur der Ausgangspunkt. Aber allen ist klar, dass auch alle anderen Momente eine Rolle spielen. Es gibt zwar den frommen politischen Wunsch, das Problem möge sich auf rein technologische Weise lösen lassen, aber von Tag zu Tag wird offensichtlicher, dass es auch um das Alltagsleben, um geistige Vorstellungen, um das institutionelle Gefüge, den Produktionsprozess und die gesellschaftlichen Verhältnisse gehen muss. Das alles läuft auf eine Bewegung hinaus, die sich die Umstrukturierung der gesamten kapitalistischen Gesellschaft zur Aufgabe macht und der Wachstumslogik entgegentritt, die in erster Linie zu dem Problem geführt hat.

In jeder Übergangsbewegung muss es jedoch gemeinsame Ziele geben, über die eine gewisse Einigkeit besteht. Ein paar allgemeine Leitlinien könnten festgehalten werden. Dazu könnte zum Beispiel gehören (und ich schlage das hier nur zur Diskussion vor): Respekt gegenüber der Natur; radikale Gleichheit in den gesellschaftlichen Beziehungen; institutionelle Arrangements, die auf einem gewissen Gespür für gemeinsame Interessen und auf Kollektiveigentum beruhen; demokratische Verwaltungsverfahren (im Gegensatz zu den existierenden korrupten Betrügereien); von den unmittelbaren Produzenten organisierte Arbeitsprozesse; ein Alltagsleben als freiheitliche Erkundung neuer gesellschaftlicher Beziehungen und Lebensgestaltungen; geistige Vorstellungen, die sich auf die Selbstverwirklichung im Dienst an anderen konzentrieren; sowie technologische und organisatorische Erneuerungen, die dem Allgemeinwohl dienen, statt die militarisierte Macht, die Überwachung und die unternehmerische Gier zu unterstützen. Das könnten die ko-revolutionären Punkte sein, um die sich soziale Aktionen drehen und an denen sie zusammenkommen. Das ist natürlich utopisch! Na und! Wir können es uns nicht leisten, es nicht zu sein.

## Intellektuelle Revolution

Auf einen Aspekt des Problems, der sich in meinem Arbeitsgebiet zeigt, will ich genauer eingehen. Ideen zeitigen Folgen, und falsche Ideen könnten katastrophale Folgen haben. In der Entwicklung, die zum Debakel der 1930er Jahre führte, spielten politische Fehler, die auf irrtümlichen ökonomischen Theorien beruhten, eine entscheidende Rolle – und diese Theorien waren auch dafür verantwortlich, dass scheinbar kein Ausweg gefunden werden konnte. Auch wenn sich die Ökonomen und Historiker nicht darüber einig sind, welche politischen Fehler im Einzelnen begangen wurden, so wird heute allgemein zugestanden, dass eine Revolutionierung der Wissensstruktur erforderlich war, in deren Rahmen die Krise untersucht wurde. Keynes und seine Kollegen erledigten diese Aufgabe.

Aber Mitte der 1970er Jahre stellte sich heraus, dass die keynesianischen politischen Instrumente nicht mehr funktionierten, jedenfalls nicht in der Weise, wie Gebrauch von ihnen gemacht wurde. Und vor diesem Hintergrund wurde die holzschnitzartige makroökonomische Denkweise des Keynesianismus vom Monetarismus, der angebotsorientierten Theorie und den (wunderschönen) mathematischen Modellen mikroökonomischen Marktverhaltens verdrängt. Heute werden das monetaristische und insbesondere das neoliberale Theoriegebäude in Frage gestellt. Faktisch hat es katastrophal versagt.

Um die Welt zu verstehen, benötigen wir neue geistige Vorstellungen. Welche könnten das sein und wer wird sie entwickeln, angesichts der soziologischen und intellektuellen Malaise, in der die Wissensproduktion und (was genauso wichtig ist) die Wissensverbreitung im Allgemeinen stecken? Die tief verwurzelten geistigen Vorstellungen, die mit der neoliberalen Theorie und der neoliberalen sowie unternehmerischen Ausrichtung der Universitäten und Medien verbunden sind, haben nicht unwesentlich zur heutigen Krise beigetragen. Zum Beispiel lassen sich die ganzen Fragen, wie wir mit dem Finanzsystem, den Banken, der Verknüpfung von Staat und Finanzwelt und der Macht von privaten Eigentumsrechten umgehen sollen, nicht anpacken, ohne den Sandkasten der herkömmlichen Denkweisen zu verlassen. An den verschiedensten Orten wird es dafür einer Revolutionierung der Denkweise bedürfen – an den Universitäten, in den Medien und der Regierung, aber auch in den Finanzinstitutionen selbst.

Obwohl Karl Marx in keiner Weise zu einem philosophischen Idealismus neigte, betrachtete er Ideen als eine materielle Macht in der Geschichte. Geistige Vorstellungen stellen schließlich eines der sieben Momente in seiner allgemeinen Theorie ko-revolutionärer Veränderung dar. Den autonomen Entwicklungen und inneren Konflikten um die Frage, welche geistigen Vorstellungen hegemonial werden sollen, kommt daher eine wichtige historische Bedeutung zu. Aus diesem Grund schrieb Marx das *Kommunistische Manifest* (zusammen mit Engels), das *Kapital* und unzählige andere Werke. Seine Schriften liefern eine systematische, wenn auch unvollständige Kritik des Kapitalismus und seiner Krisentendenzen. Aber Marx pochte darauf, dass sich die Welt nur dann wirklich verändern würde, wenn diese kritischen Ideen in allen Bereichen zur Geltung kämen – in den institutionellen Arrangements, den Organisationsformen, den Produktionssystemen, dem Alltagsleben, den gesellschaftlichen Verhältnissen, den Technologien und den Beziehungen zur Natur.

Da Marx die Welt nicht nur verstehen, sondern verändern wollte, mussten Ideen mit einem eindeutig revolutionären Gehalt entwickelt werden. Der Konflikt mit Denkweisen, die der herrschenden Klasse genehmer und nützlicher waren, ließ sich daher nicht vermeiden. Dass Marx' oppositionelle Ideen vor allem in den letzten Jahren zum Ziel ständiger Repression und Ausgrenzung geworden sind (ganz zu schweigen von den vielen Fällen direkter Zensur und Verfälschung), deutet darauf hin, dass die herrschenden Klassen sie nicht mehr tolerieren wollen, weil sie zu gefährlich werden könnten. Keynes prahlte zwar damit, dass er Marx nie gelesen habe, aber in den 1930er Jahren arbeitete er eng mit vielen zusammen, die es getan hatten (wie seine ökonomische Fachkollegin Joan Robinson). Die meisten distanzierten sich zwar lautstark von Marx' grundlegenden Begriffen und seiner dialektischen Darstellungsweise, registrierten aber sehr genau seine theoretischen Vorhersagen und waren von ihnen tief beeindruckt. Ich denke, es ist nicht übertrieben zu sagen, dass die keynesianische theoretische Revolution nicht möglich gewesen wäre ohne die subversive Anwesenheit von Marx, der im Hintergrund lauerte.

In der heutigen Zeit besteht das Problem darin, dass die meisten Menschen keine Ahnung haben, wer Keynes war und welche Positionen er tatsächlich vertreten hat, und schon gar nicht über Marx Bescheid wissen. Die Unterdrückung kritischer und radikaler Theorieströmungen – oder präziser, die Einzäunung der Radikalität in die Grenzen von Multikulturalismus, Identitätspolitik und »cultural choice« – hat zu dieser beklagenswerten Situation nicht nur im akademischen Leben geführt. Es ist im Prinzip dieselbe Situation wie im Bankensektor: Dort sollen die Banker mit genau denselben Instrumenten, mit denen sie das Chaos angerichtet haben, den Schaden jetzt wieder beheben. Es hilft nichts, weiter an postmodernen und poststrukturalistischen Ideen festzuhalten, die das Partikulare auf Kosten des Nachdenkens über das große Ganze abfeiern. Sicherlich sind das Lokale und Partikulare von größter Bedeutung, und Theorien, die zum Beispiel die geografischen Unterschiede nicht berücksichtigen, sind mehr als sinnlos. Aber wenn dies dazu benutzt wird, alles auszugrenzen, was über Stadtteilpolitik hinausgeht, dann begehen die Intellektuellen Verrat und kündigen ihre traditionelle Rolle gänzlich auf.

Die heutigen Akademiker, Intellektuellen und Experten in den Sozial- und Geisteswissenschaften sind im Großen und Ganzen schlecht ausgerüstet, um in einem kollektiven Projekt die Revolutionierung unserer Wissensstrukturen herbeizuführen. Sie waren tief verstrickt in die Schaffung eines neuen Systems der neoliberalen Gouvernementalität, das Fragen der Legitimität und der Demokratie zugunsten einer technokratischen und autoritären Politik ausklammert. Nur wenige scheinen sich an einer kritischen Selbstreflexion beteiligen zu wollen. An den Universitäten werden weiter sinnlose Seminare zur neoklassischen Ökonomie oder »Rational Choice«-Theorie abgehalten, als ob nichts gewesen wäre, und an den gepriesenen wirtschaftswissenschaftlichen Fakultäten ergänzt man einfach den Lehrplan um ein oder zwei Kurse in Wirtschaftsethik oder zur Frage, wie sich mit dem Bankrott anderer Leute Geld machen lässt. Schließlich hat die Krise ihre Wurzeln in der menschlichen Gier und daran lässt sich nun mal nichts ändern!

Die heutige Wissensstruktur ist eindeutig dysfunktional und genauso eindeutig illegitim. Es bleibt nur die Hoffnung, dass eine neue Generation scharfsinniger StudentInnen (im weiteren Sinne all derjenigen, die sich bemühen, die Welt zu verstehen) dies auch so sieht und darauf besteht, es zu ändern. In den 1960er Jahren ist das geschehen. Auch an anderen historischen Umbruchpunkten haben studentisch inspirierte Bewegungen die Kluft gesehen, die zwischen dem Geschehen in der Welt und dem lag, was ihnen gelehrt wurde und womit die Medien sie fütterten. Und sie waren entschlossen, daran etwas zu ändern. Von Teheran bis Athen und an vielen europäischen Universitäten gibt es Anzeichen einer solchen Bewegung. Mit großer Sorge dürfte man in Beijing in den Fluren der politischen Macht verfolgen, wie sich die neue Generation der chinesischen StudentInnen verhalten wird.

Eine von StudentInnen geführte revolutionäre Jugendbewegung ist – mit allen ihren offensichtlichen Ungewissheiten und Problemen – eine notwendige, aber nicht hinreichende Bedingung, um diese Revolutionierung der geistigen Vorstellungen herbeizuführen, die uns eine vernünftigere Lösung für die aktuellen Probleme des endlosen Wachstums aufzeigen kann.

Was würde in einem umfassenderen Sinne geschehen, wenn sich aus einem breiten Bündnis der Entfremdeten, Unzufriedenen, Beraubten und Enteigneten eine antikapitalistische Bewegung entwickeln ließe? Schon die Vorstellung, dass all diese Menschen sich überall erheben und erfolgreich um ihren angemessenen Platz im wirtschaftlichen, gesellschaftlichen und politischen Leben kämpfen, hat etwas Bewegendes. Sie hilft uns auch dabei, uns auf die Frage zu konzentrieren, was ihre Forderungen sein könnten und was getan werden müsste.

Revolutionäre Transformationen kommen nicht zustande, wenn wir nicht wenigstens unsere Ideen verändern, geliebte Vorstellungen und Vorurteile über Bord werfen, auf alltägliche Bequemlichkeiten und Rechte verzichten, neue Lebensweisen ausprobieren, unsere sozialen und politischen Rollen verändern, die Zuweisung von Rechten, Pflichten und Verantwortlichkeiten neu ordnen und unser Verhalten besser auf kollektive Bedürfnisse und einen gemeinsamen Willen abstimmen. Die Welt um uns herum – unsere Geografie – muss radikal umgeformt werden, wie auch unsere gesellschaftlichen Verhältnisse, die Beziehungen zur Natur und alle anderen Momente in diesem ko-revolutionären Prozess. Es ist ansatzweise nachvollziehbar, dass viele der aktiven Konfrontation mit all diesen Problemen eine Politik der Verweigerung vorziehen.

Es wäre auch ein beruhigender Gedanke, dass sich all dies freiwillig und friedlich herbeiführen ließe. So als könnten wir uns einfach selbst von all den Besitztümern, die der Schaffung einer sozial gerechteren und stabilen Gesellschaftsordnung im Wege stehen, trennen und uns gewissermaßen nackt ausziehen. Aber es wäre unredlich, sich diesen Prozess so vorzustellen und zu meinen, es bedürfte keines aktiven Kampfes, zu dem auch ein gewisses Maß an Gewalt gehört. Der Kapitalismus kam »blut- und schmutztriefend« auf die Welt, wie Marx einmal sagte. Wenn es vielleicht auch schmerzfreier gelingen kann, aus ihm heraus- als in ihn hineinzukommen, so stehen die Wetten schlecht, dass wir auf völlig friedliche Weise ins gelobte Land ziehen können.

## Epizentren der Gesellschaftsveränderung

Auf der Linken existiert ein breites Spektrum verschiedener Denkrichtungen, die über die richtigen Antworten auf die vor uns liegenden Probleme streiten. Zunächst einmal gibt es das übliche Sektenwesen, das auf die Geschichte radikaler Politik zurückgeht und die linke politische Theorie zum Ausdruck bringt. Merkwürdigerweise ist die Linke einer der wenigen Orte, an dem sich kaum Gedächtnisschwund breitgemacht hat (Spaltungen zwischen Anarchisten und Marxisten, die in den 1870er Jahren entstanden, zwischen Trotzkisten, Maoisten und orthodoxen Kommunisten, zwischen Zentralisten, die den Staat übernehmen wollen, und den antietatistischen Autonomen und Anarchisten). Hier wird so heftig und zänkisch gestritten, dass man zuweilen denkt, etwas mehr Gedächtnisschwund wäre gar nicht so schlecht. Aber jenseits dieser traditionellen revolutionären Sekten und politischen Splittergruppen hat sich das gesamte Feld der politischen Aktion seit Mitte der 1970er Jahre radikal verändert. Das Terrain des politischen Kampfes und der politischen Möglichkeiten hat sich sowohl geografisch als auch organisatorisch verschoben.

## Die Nichtregierungsorganisationen

Heute existiert eine riesige Fülle von Nichtregierungsorganisationen (NGOs), deren politische Bedeutung sich bis Mitte der 1970er Jahre kaum erahnen ließ. Sie werden aus staatlichen und privaten Mitteln finanziert, oft arbeiten idealistische Denker und Aktivisten bei ihnen (sie stellen ein riesiges Beschäftigungsprogramm dar), und die meisten kümmern sich um ein einzelnes Problem (Umwelt, Armut, Frauenrechte, Kampagnen gegen Sklaverei und Menschenhandel usw.).

Auch wenn sie für progressive Ideen und Anliegen eintreten, so haben sie sich von einer direkt antikapitalistischen Politik verabschiedet. In einigen Fällen sind sie aber auch eindeutig neoliberal ausgerichtet und beteiligen sich an der Privatisierung sozialstaatlicher Funktionen oder unterstützen institutionelle Reformen, mit denen sich marginalisierte Bevölkerungsschichten in den Markt integrieren lassen (ein klassisches Beispiel dafür sind die Mikrokredite und Mikrofinanzierungsprogramme für die Armutsbevölkerung).

In dieser Welt der NGOs sind viele radikale und praktisch engagierte Menschen unterwegs, aber ihre Arbeit kann höchstens etwas Linderung verschaffen. Insgesamt können sie nur sehr punktuelle Erfolge vorweisen, auch wenn sie auf bestimmten Gebieten wie Frauenrechten, Gesundheitsversorgung und Umweltschutz zu Recht beanspruchen können, wesentlich zur Verbesserung der Lebenssituation beigetragen zu haben. Aber revolutionäre Veränderung ist nicht durch NGOs möglich. Zu sehr sind sie eingeschränkt durch die politische Haltung ihrer Geldgeber. Selbst wenn sie vor Ort die Selbstermächtigung unterstützen und damit zur Öffnung von Räumen beitragen, in denen antikapitalistische Alternativen möglich werden, und sogar Experimente mit solchen Alternativen fördern, tun sie nichts, um deren Wiedereingliederung in die vorherrschende kapitalistische Praxis zu verhindern – im Gegenteil, sie befördern sie. Wie groß die kollektive Macht der NGOs heute geworden ist, zeigt sich an ihrer dominierenden Position auf dem Weltsozialforum, das in den letzten zehn Jahren zum Zentrum der Versuche geworden ist, eine globale Bewegung für Gerechtigkeit, eine globale Alternative zum Neoliberalismus aufzubauen.

### Die anarchistische, autonome und basisorientierte Opposition

Die zweite große Oppositionsströmung geht von anarchistischen, autonomen und basisorientierten Organisationen aus, die auf Fremdmittel verzichten, auch wenn sich einige auf gewisse alternative institutionelle Strukturen stützen (wie die katholische Kirche mit ihren »Basisgemeinden« in Lateinamerika oder die verbreitete kirchliche Hilfe für politische Mobilisierungen in den Innenstädten der USA). Diese Gruppe ist keineswegs homogen (es gibt sogar heftige Streitigkeiten in ihr, bei denen sich zum Beispiel die sozialen Anarchisten gegen diejenigen wenden, die sie verächtlich als bloße »lifestyle«-Anarchisten bezeichnen). Gemeinsam ist ihnen jedoch die Antipathie gegenüber Verhandlungen mit der Staatsmacht und ihr Bezug auf die Zivilgesellschaft als dem eigentlichen Ort der Veränderung.

Die Fähigkeit der Menschen, sich in ihren alltäglichen Lebenssituationen selbst zu organisieren, soll die Basis jeglicher antikapitalistischen Alternative sein. Als Organisationsmodell bevorzugen sie die horizontale Vernetzung. In der so genannten solidarischen Ökonomie, die auf Produktentausch, Kollektiven und lokaler Produktion beruht, sehen sie eine alternative ökonomische Form. In der Regel wenden sie sich gegen die Vorstellung, dass irgendeine zentrale Leitung nötig wäre, und lehnen hierarchische gesellschaftliche Beziehungen oder hierarchische politische Machtstrukturen einschließlich herkömmlicher politischer Parteien ab. Derartige Organisationen sind überall zu finden und an einigen Orten sind sie politisch sehr einflussreich geworden. Einige von ihnen haben eine radikal antikapitalistische Haltung und vertreten revolutionäre Ziele, und manche rufen zu Sabotage und anderen Störaktionen auf (ein Nachhall der Roten Brigaden in Italien, der Baader-Meinhof-Gruppe in Deutschland und des Weather-Undergrounds in den USA in den 1970er Jahren). Aber die Wirksamkeit all dieser Bewegungen (abgesehen von ihren gewalttätigeren Rändern) ist begrenzt, weil sie ihren Aktivismus nicht mit Formen von Großorganisationen verbinden wollen oder können, die globale Probleme angehen könnten. Mit ihrer Position, dass sich nur durch Aktionen vor Ort Veränderungen herbeiführen lassen und dass alles, was nach Hierarchie riecht, anti-revolutionär ist, stehen sie sich selbst im Weg, wenn es um die großen Fragen geht. Trotzdem bieten diese Bewegungen zweifelsohne eine breite Grundlage für Experimente mit antikapitalistischer Politik.

### Organisierte Arbeiterbewegung und politische Linke

Die dritte große Strömung ist ein Produkt der Wandlungsprozesse in den traditionellen Organisationen der Arbeiterbewegung und linken politischen Parteien, angefangen von sozialdemokratischen Traditionen bis hin zu radikaleren trotzkistischen und kommunistischen Formen der Parteiorganisation. Diese Tendenz steht der Eroberung der Staatsmacht und hierarchischen Organisationsformen nicht feindlich gegenüber. Letztere betrachtet sie sogar als notwendig, um verschiedene politische Ebenen organisatorisch integrieren zu können. In den Jahren, in denen die Sozialdemokratie in Europa hegemonial war und selbst in den USA über einigen Einfluss verfügte, wurde die staatliche Kontrolle über die Verteilung von Überschüssen zu einem zentralen Instrument, um gesellschaftliche Ungleichheit abzubauen. Dass es ihr nicht gelang, die gesellschaftliche Kontrolle über die Produktion der Überschüsse zu erlangen und damit die Macht der kapitalistischen Klasse wirklich in Frage zu stellen, bildete die Achillesverse dieses politischen Systems. Aber wir sollten die von ihm erzielten Errungenschaften nicht vergessen, auch wenn heute klar ist, dass es nicht ausreichen würde, zu einem solchen politischen Modell des Sozialstaats und der keynesianischen Wirtschaftspolitik zurückzukehren. Die bolivarische Bewegung in Lateinamerika und die Übernahme der Staatsmacht durch fortschrittliche sozialdemokratische Regierungen gehören zu den hoffnungsvollsten Anzeichen der Wiederbelebung einer neuen Form des linken Etatismus.

In den kapitalistischen Industrieländern mussten die organisierte Arbeiterbewegung und die linken politischen Parteien in den letzten 30 Jahren einige harte Schläge einstecken. Beide wurden durch Zwang oder Überredung dazu gebracht, im weitesten Sinne neoliberale Politik zu unterstützen, auch wenn sie für einen Neoliberalismus mit einem etwas menschlicheren Antlitz eintraten. Man kann den Neoliberalismus als eine große, regelrecht revolutionäre Bewegung (angeführt von der selbsternannten revolutionären Figur Margaret Thatcher) betrachten, die die Überschüsse privatisieren oder wenigstens deren weitere Sozialisierung verhindern will.

Einige Anzeichen sprechen dafür, dass sich die organisierte Arbeiterbewegung und linke Politik (im Gegensatz zu dem in England von New Labour unter Tony Blair gefeierten »dritten Weg«, der mit katastrophalen Folgen von vielen sozialdemokratischen Parteien in Europa kopiert wurde) wieder erholen, und in verschiedenen Teilen der Welt tauchen radikalere politische Parteien auf. Aber der ausschließliche Bezug auf die Arbeiter als Avantgarde ist heute fraglich geworden. Und ebenso fraglich ist, ob linke Parteien, die an der politischen Macht beteiligt werden, die Entwicklung des Kapitalismus maßgeblich beeinflussen und die chaotische Dynamik der krisenanfälligen Akkumulation beherrschen können. In der Zeit ihrer Machtbeteiligung hat die grüne Partei in Deutschland nichts besonders Herausragendes vollbracht im Vergleich zu ihrer politischen Haltung in der Opposition, und die sozialdemokratischen Parteien sind als wirklich politische Kraft völlig von der Bildfläche verschwunden. Aber linke politische Parteien und Gewerkschaften sind immer noch wichtig und ihre teilweise Übernahme von staatlicher Macht wie im Fall der Arbeiterpartei in Brasilien oder der bolivarischen Bewegung in Venezuela hatte nicht nur in Lateinamerika einen starken Einfluss auf das linke Denken. Noch ungelöst ist auch das komplizierte Problem, wie sich die Rolle der kommunistischen Partei in China mit ihrer alleinigen Kontrolle der politischen Macht verstehen lässt, und welche Politik sie in Zukunft verfolgen wird.

Im Sinne der oben skizzierten ko-revolutionären Theorie müssen wir davon ausgehen, dass sich eine antikapitalistische Gesellschaftsordnung nicht aufbauen lässt, ohne die Staatsmacht zu übernehmen, sie radikal umzuwandeln und den konstitutionellen und institutionellen Rahmen zu überarbeiten, der heute dem Privateigentum, der Marktwirtschaft und der endlosen Kapitalakkumulation dient. Auch die zwischenstaatliche Konkurrenz und geoökonomische und geopolitische Kämpfe um alles Mögliche – von Handel und Geld bis zu Fragen der Hegemonie – sind viel zu wichtig, als dass wir sie den sozialen Bewegungen vor Ort überlassen oder als zu groß und zu schwierig beiseite legen dürften. Wenn wir versuchen wollen, eine Alternative zur kapitalistischen Wirtschaft zu entwickeln, müssen wir uns auch damit auseinandersetzen, wie sich die Struktur der Beziehung zwischen Staat und Finanzwesen verändern lässt und was aus dem Geld als gemeinsamem Wertmaß wird. Für jede antikapitalistische revolutionäre Bewegung wäre es daher eine alberne Idee, den Staat und die Dynamik des zwischenstaatlichen Systems zu ignorieren.

**Die Vielzahl der sozialen Bewegungen**

Die vierte breite Tendenz bilden all jene sozialen Bewegungen, die sich nicht so sehr von einer bestimmten politischen Philosophie oder Orientierung leiten lassen, sondern von dem pragmatischen Bedürfnis, sich gegen Vertreibung und Enteignung zu wehren (gegen Gentrifizierung, Industrieansiedlungen, Staudammprojekte, Wasserprivatisierung, den Abbau sozialer Dienste und öffentlicher Ausbildungsmöglichkeiten usw.). In diesem Fall steht das Alltagsleben in der Stadt, dem Dorf oder sonst wo im Mittelpunkt und bildet die materielle Basis der politischen Organisierung gegen die Bedrohungen durch staatliche Politik und kapitalistische Interessen, denen eine schutzlose Bevölkerung ständig ausgesetzt ist. Diese Formen des politischen Protests sind weit verbreitet.

Auch hier gibt es eine enorme Vielzahl solcher sozialen Bewegungen, von denen sich einige mit der Zeit radikalisieren können, wenn ihnen nach und nach klar wird, dass es sich nicht um partikulare oder örtliche, sondern um systemische Probleme handelt. Der Zusammenschluss von solchen Bewegungen in ländlichen Bündnissen (wie die internationale Bewegung von Kleinbauern und Landarbeitern »Via Campesina«, die Bewegung der landlosen Bauern in Brasilien oder die Kampagnen von indischen Bauern gegen den Land- und Ressourcenraub durch kapitalistische Firmen) oder im städtischen Rahmen (»Recht auf Stadt« und »Take back the land«-Bewegungen in Brasilien und jetzt in den USA) deuten auf die Möglichkeit hin, breitere Bündnisse zu bilden, um die systemischen Kräfte zu attackieren, die hinter den einzelnen Fällen von Gentrifizierung, Staudammprojekten, Privatisierung usw. stecken. Diese Bewegungen handeln zwar aus pragmatischen Motiven und nicht aus ideologischen Erwägungen, aber trotzdem können sie aus ihren eigenen Erfahrungen heraus dahin kommen, die systemischen Zusammenhänge zu begreifen. Wenn sich viele von ihnen am selben Ort, zum Beispiel in einer Großstadt, befinden, können sie (wie die Fabrikarbeiter zu Beginn der industriellen Revolution) gemeinsame Sache machen und auf der Basis ihrer eigenen Erfahrungen ein Bewusstsein davon entwickeln, wie der Kapitalismus funktioniert und was sie kollektiv tun könnten. Auf diesem Gebiet spielt die Figur des »organischen Intellektuellen«, von der in den Schriften von Antonio Gramsci so viel die Rede ist, eine große Rolle: Es sind Autodidakten, die zunächst durch bittere Erfahrungen am eigenen Leib die Welt begreifen lernen und dann zu einem allgemeineren Verständnis des Kapitalismus gelangen. Wer Bauernführern der MST in Brasilien oder Führern der bäuerlichen Bewegungen gegen Landraub in Indien zuhört, genießt das Privileg einer ganz besonderen Ausbildung. In diesem Fall ist es die Aufgabe der Entfremdeten und Unzufriedenen aus gebildeten Kreisen, die Stimme der Subalternen zu verstärken, damit ihre Berichte über Ausbeutung und Repression gehört und ihre Antworten darauf Bestandteile eines antikapitalistischen Programms werden können.

### Identitätsfragen und ökologische Bewegungen

Das fünfte Epizentrum für Gesellschaftsveränderung bilden die emanzipatorischen Bewegungen zu Identitätsfragen – Frauen, Kinder, Schwule, rassische, ethnische und religiöse Minderheiten beanspruchen alle den gleichen Platz an der Sonne – zusammen mit einer Vielzahl ökologischer Bewegungen, die nicht ausdrücklich antikapitalistisch sind. Geografisch entwickeln sich die Bewegungen, die in jeder dieser Fragen nach Emanzipation verlangen, ungleichmäßig und sind oft hinsichtlich ihrer Bedürfnisse und Forderungen geografisch gespalten. Aber die globalen Konferenzen zu Frauenrechten (in Nairobi 1985 und dann in Beijing 1995, wo die Aktionsplattform verabschiedet wurde) und gegen Rassismus (die sehr viel umstrittenere Konferenz in Durban 2009) bemühen sich genauso wie die Konferenzen zu ökologischen Fragen, eine gemeinsame Grundlage zu schaffen, und zweifellos ist es zumindest in einigen Teilen der Welt zu gesellschaftlichen Veränderungen hinsichtlich all dieser Punkte gekommen. Wenn diese Bewegungen in einer engen essenzialistischen Begrifflichkeit gefasst werden, könnte der Eindruck entstehen, dass sie in einem antagonistischen Verhältnis zum Klassenkampf stehen. In weiten Teilen der akademischen Zunft sind sie gewiss auf Kosten der Klassenanalyse und der politischen Ökonomie in den Vordergrund gerückt. Aber aufgrund der Feminisierung der globalen Arbeitskraft, der fast überall stattfindenden Feminisierung der Armut und der Ausnutzung geschlechtlicher Ungleichheit für die Kontrolle der Arbeit ist die Emanzipation und schließlich die Befreiung der Frauen zu einer notwendigen Bedingung für die Zuspitzung des Klassenkampfs geworden. Das gilt auch für alle anderen Formen der Identität, bei denen wir es mit Diskriminierung und offener Repression zu tun haben. Der Aufstieg des Kapitalismus stützte sich wesentlich auf Rassismus und die Unterdrückung von Frauen und Kindern. Der heutige Kapitalismus könnte theoretisch auch ohne diese Formen der Diskriminierung und Unterdrückung überleben, aber seine politische Fähigkeit dazu würde angesichts einer vereinigten Klassenmacht stark eingeschränkt, wenn nicht sogar gänzlich zerstört werden. An der moderaten Berücksichtigung von Multikulturalismus und Frauenrechten in den Unternehmen, insbesondere in den USA, wird deutlich, dass sich der Kapitalismus diesen Dimensionen des gesellschaftlichen Wandels (einschließlich der ökologischen Fragen) anpassen kann, selbst wenn er zugleich die Hervorhebung von Klassenspaltungen wieder stärker zur Richtschnur seiner Politik macht.

## Ein anderer Kommunismus ist möglich

Diese fünf breiten Tendenzen schließen sich nicht gegenseitig aus und stellen auch nicht die einzigen organisatorischen Muster des politischen Handelns dar. Einige Organisationen bringen auf geschickte Weise alle fünf Tendenzen zusammen. Aber es wird noch einer Menge Arbeit bedürfen, um diese verschiedenen Strömungen in Bezug auf die grundlegende Frage zusammenzuführen: Kann sich die Welt materiell, gesellschaftlich, geistig und politisch derartig verändern, dass sich nicht nur die schrecklichen gesellschaftlichen und ökologischen Verhältnisse in großen Teilen der Welt bekämpfen lassen, sondern auch die Verewigung des endlosen Wirtschaftswachstums? Die Entfremdeten und Unzufriedenen müssen darauf pochen, wieder und wieder diese Frage zu stellen, und sie müssen von denjenigen lernen, die das Elend unmittelbar erleben und mit ihrer praktischen Intelligenz den

Widerstand an der Basis gegen die grässlichen Folgen des Wirtschaftswachstums organisieren.

Die Kommunisten, behaupteten Marx und Engels in ihrer im *Kommunistischen Manifest* dargelegten ursprünglichen Konzeption, haben keine politische Partei. Sie bilden zu jeder Zeit und an allen Orten lediglich diejenigen, denen die Schranken, Mängel und zerstörerischen Tendenzen der kapitalistischen Ordnung bewusst sind. Sie durchschauen die unzähligen ideologischen Verschleierungen und verlogenen Rechtfertigungen, die von den Kapitalisten und ihren Apologeten (insbesondere den Medien) produziert werden, um die Macht ihrer eigenen Klasse aufrechtzuerhalten. Die Kommunisten sind all diejenigen, die unablässig daran arbeiten, eine andere Zukunft herbeizuführen, als sie der Kapitalismus bereithält. Das ist eine interessante Definition. Der traditionelle institutionalisierte Kommunismus ist so gut wie tot und begraben, aber nach dieser Definition befinden sich unter uns faktisch Millionen von aktiven Kommunisten, die im Sinne ihrer Auffassungen handeln wollen und bereit sind, den antikapitalistischen Imperativ auf kreative Weise umzusetzen. Wenn die Bewegung für eine alternative Globalisierung Ende der 1990er Jahre erklärte, »Eine andere Welt ist möglich«, können wir dann nicht auch sagen, »Ein anderer Kommunismus ist möglich«? Wenn wir unter den heutigen Bedingungen der kapitalistischen Entwicklung zu einer grundlegenden Veränderung kommen wollen, dann werden wir etwas in der Art brauchen.